青年藩主　鍋島直正

――天保期の佐賀藩

伊藤昭弘
Itou Akihiro

海鳥社

鍋島直正（『近世名士写真 其2』、国立国会図書館デジタルコレクション）

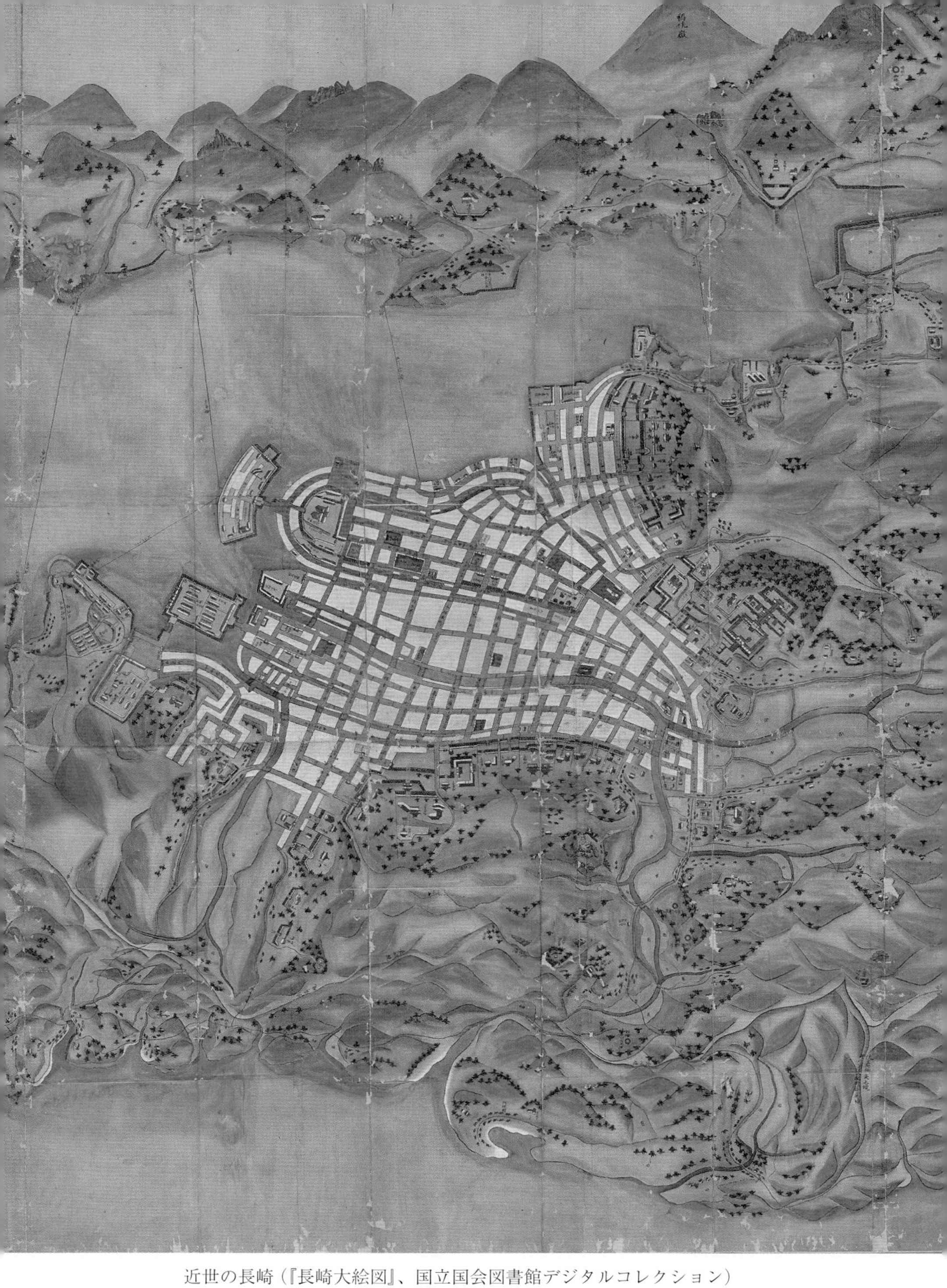

近世の長崎（『長崎大絵図』、国立国会図書館デジタルコレクション）

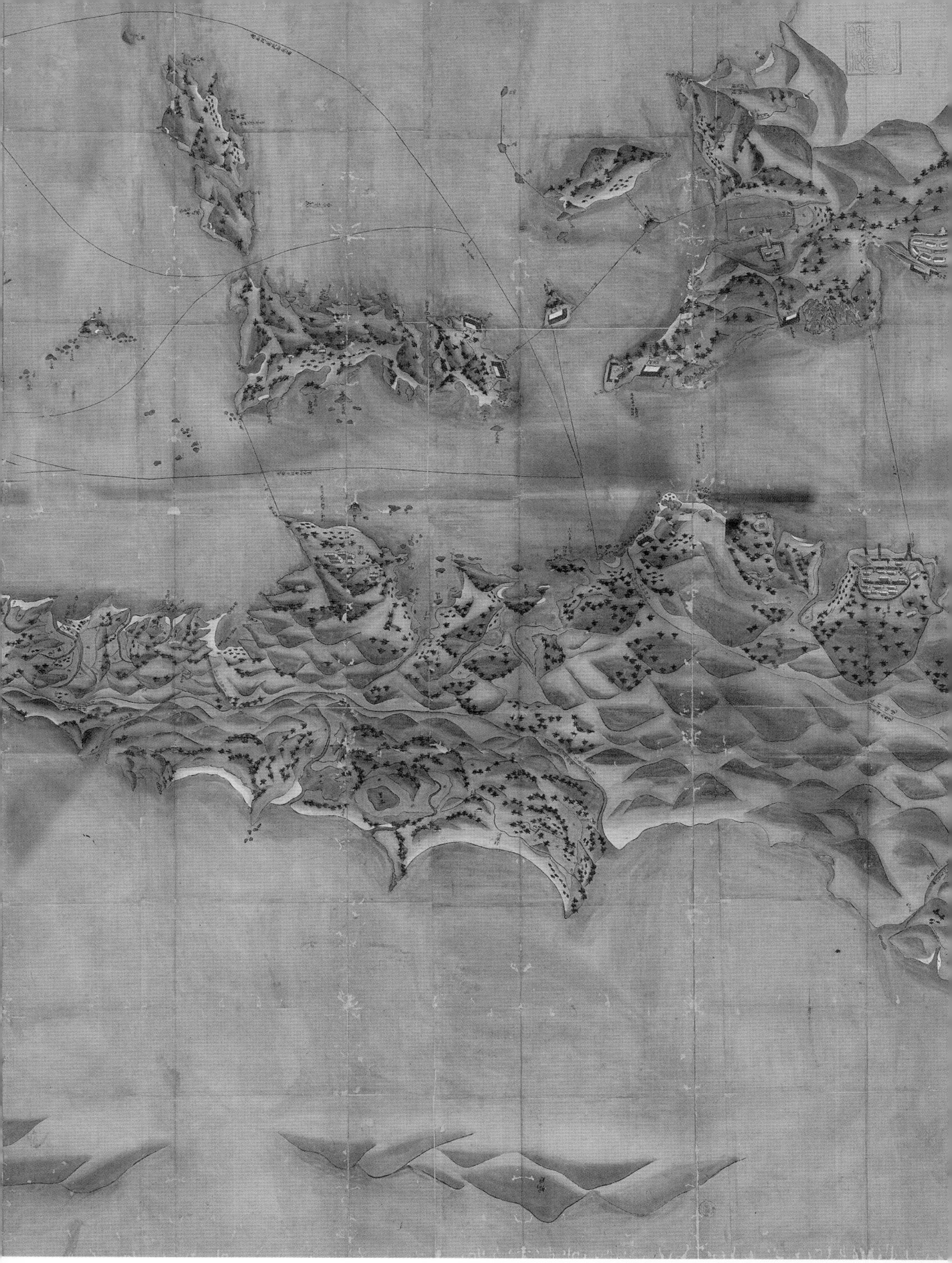

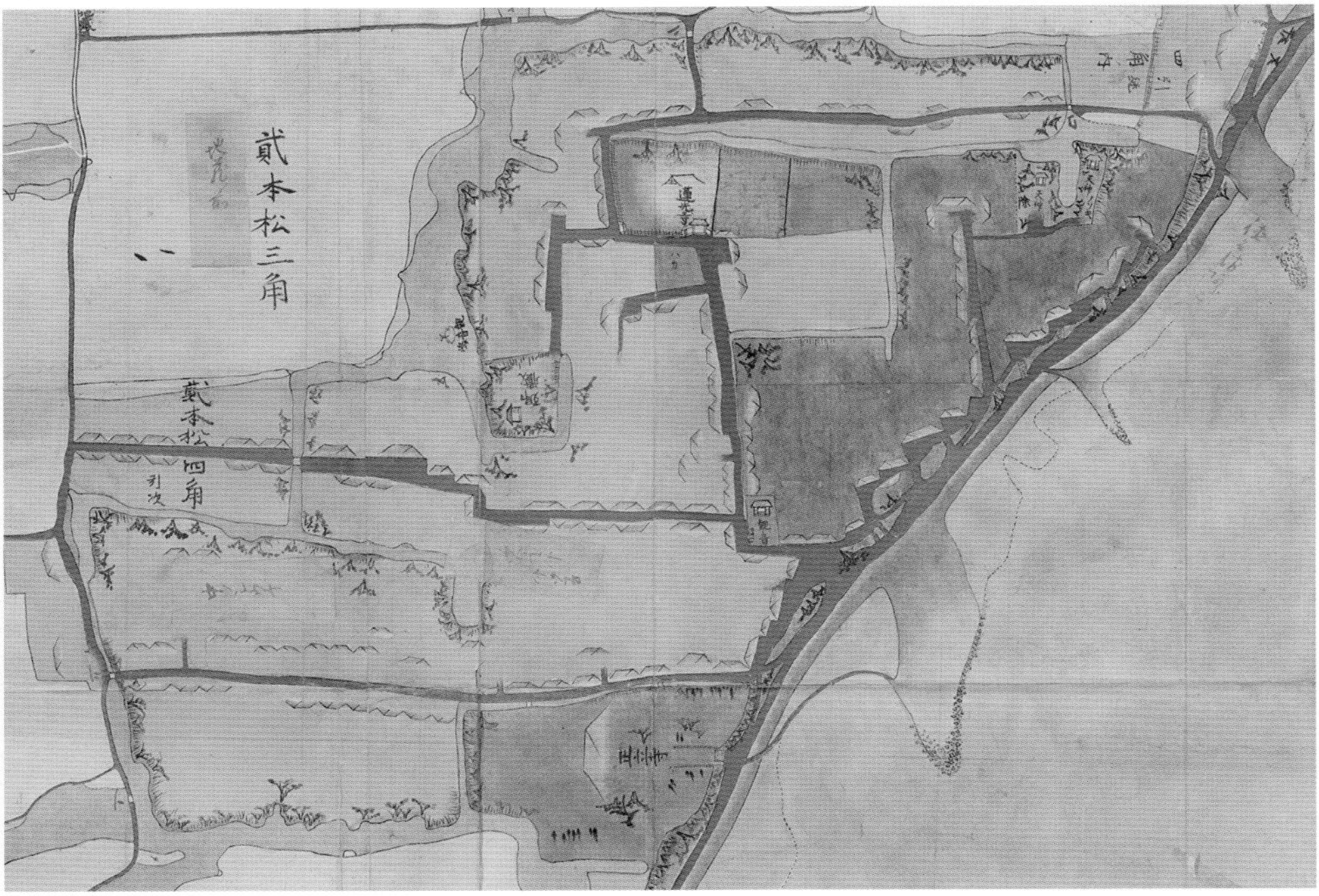

諸富津（「川副東郷諸富村図」佐賀県立図書館所蔵）

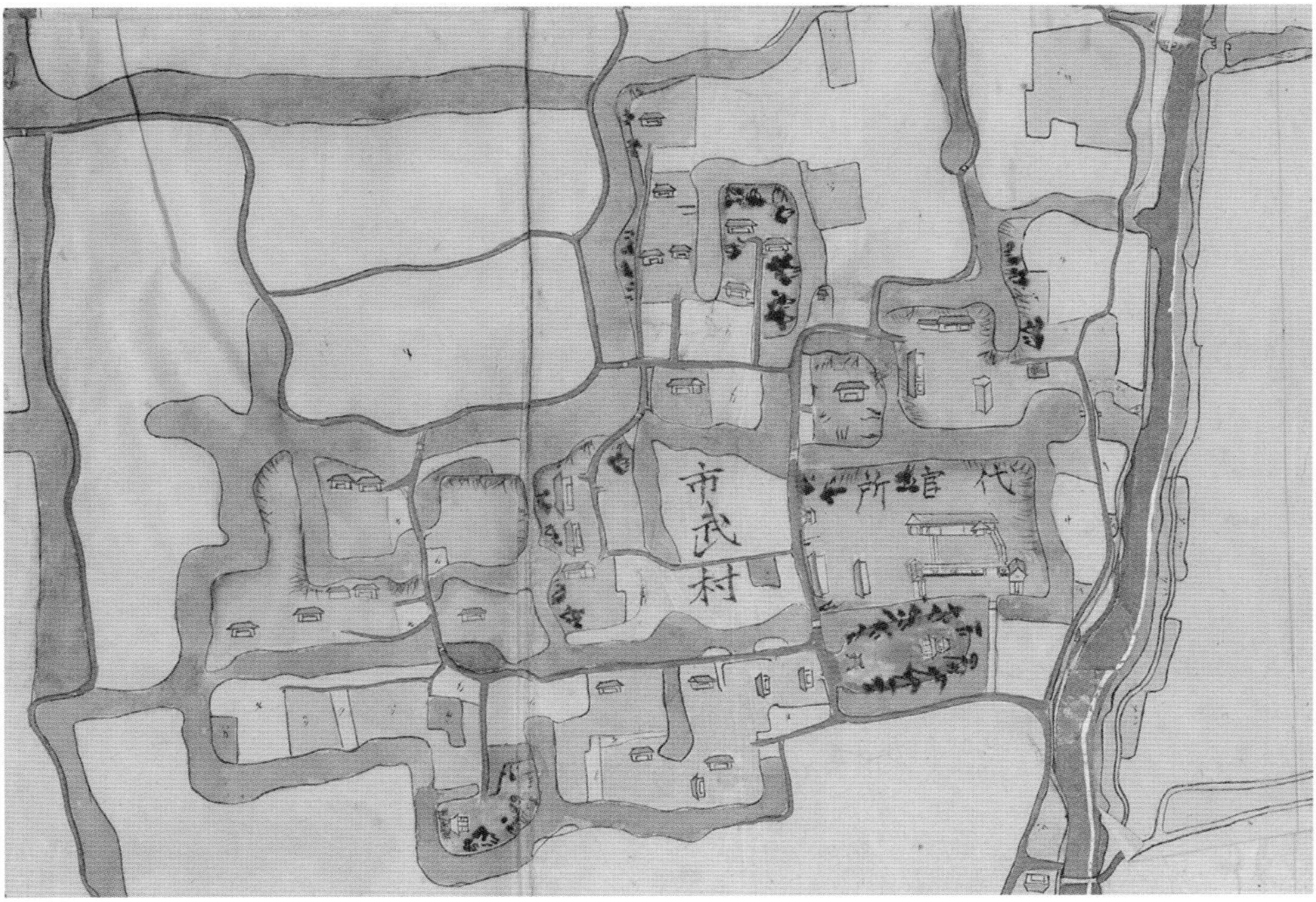

市村代官所（「三根郡下村郷図」佐賀県立図書館所蔵）

『佐賀学ブックレット⑧　青年藩主　鍋島直正』お詫びと訂正

	誤	正
6頁下（口絵）図版説明	市村代官所	▽**市武村**代官所
24頁13行目	取材源	▽**主財源**
32頁上　写真説明	多門坊	▽**多聞坊**
72頁15行目 85頁13行目	白石（しろいし）鍋島家	▽白石（**しらいし**）鍋島家

以上、深くお詫びして訂正いたします。

青年藩主　鍋島直正――天保期の佐賀藩◉目次

「財政再建論者」直正の虚実

改革のスタート

藩財政について

佐賀城火災と佐賀藩政

「古昔之美俗」を求めて

突然の試練——江戸城西の丸火災と佐賀藩

御仕組所の日々と藩政改革

新たな目標

青年藩主が求めたもの

「財政再建論者」直正の虚実

「七賢人」の一人　鍋島直正

平成三〇年（二〇一八）、佐賀県各地では明治維新一五〇年にかんする博覧会が催され、佐賀城本丸歴史館をはじめとしたメインエリアなどを多くの方が訪れた。博覧会では、とりわけ「佐賀の七賢人」が取り上げられ、佐賀県内における彼らの知名度が大いに上がったらしい。

「七賢人」のなかで、幕末佐賀藩の動向に最も影響を与えたのが、藩主鍋島直正（なおまさ）である。彼の生涯にかんする一般的な説明を要約すれば、弱冠一七歳で藩主に就き、ただちに藩政改革に着手、迫り来る欧米列強に備えるため軍備を増強したほか、西洋科学の導入に熱心で、佐賀藩を幕末雄藩に成長させた、となるだろう。「七賢人」の残り六人も直正がいたからこそ、幕末・明治期に活躍できたのではなかろうか。

『鍋島直正公伝』に記された「改革者」直正の原点

本書では、おおよそ天保年間（一八三〇～一八四四）に分析対象を絞り、直正

（1）久米邦武執筆編述、中野礼四郎増補校訂・編纂、侯爵鍋島家編纂所、大正九年。昭和四八年、財団法人西日本文化協会より復刻。

品川宿本陣跡（現東京都品川区聖蹟公園）

・佐賀藩の政策を検討する。なぜこの時期に限定するのか、その理由を説明するため、まずは次のエピソードを紹介したい。

　江戸藩邸の費用が不足し、直正帰国の供の者たちへ準備費用を渡すことができなかった。直正出発当日、供の者たちへ「ツケ」で日用品を売っていた商人たちがその回収にやってきたが、供の者たちは準備費用すらもらっていないので支払うことができず、商人たちは江戸藩邸のあちこちに居座り、藩邸内は大混雑となった。そのため供の者の多くが、藩邸を出発できていない。

　これは『鍋島直正公伝』[1]（以下『公伝』と略す）第二編冒頭、直正が初めて佐賀に帰国する際のエピソードである。『公伝』によれば、文政一三年（天保元年＝一八三〇）三月二三日朝、直正は桜田（東京都千代田区）の江戸藩邸（上屋敷）より佐賀に向けて出発した。品川宿の本陣で昼食をとり、直正は先を急ぎたいが、夕方になってもなかなか出発しない。直正が理由を質したところ、前記の通り近臣から説明があったという。直正はこれを聞いて涙し、藩政改革の決意を新たにするという、彼の「改革者」としての原点ともいえるエピソードである。

エピソードの元ネタは？

　直正は藩主として、劇的なスタートを切ったことになる。しかしこのエピソードについて、筆者は今のところ根拠を確認できていない。このときの帰国にかんする直正近臣の公式記録[2]には、騒動が起きたとされる出発当日について、「朝八時頃出発し、夕方四時頃には川崎宿に到着、一泊した」と記されている。直正は順調に初日の旅を終えており、『公伝』の記述と矛盾する。

『公伝』の記述が正しいと仮定すれば、こうした騒動のように藩にとって不都合なことは、公式記録には書かなかったのだ、などと理由づけることもできよう。しかし歴史研究の立場からすると、史料に書かれていないことを事実とみなすことはできない（一部の研究者も誤解している向きがあるが、『公伝』は史料ではなく、あくまで久米邦武という研究者の著書にすぎない——もちろん筆者は、『公伝』のような大著を著した歴史研究の大先輩に敬意を有しているが）。今後、この騒動にかんする記録が発見されれば『公伝』の記述を筆者も認めるが、現段階では、佐賀藩の公式記録に基づくしかない。

なお筆者は、このエピソードに酷似した内容の史料を発見できた。[3] 文政九年四月一一日、江戸の佐賀藩邸に詰めていた鍋島監物（けんもつ）が、佐賀の重役鍋島十左衛門・同但馬へあてた書状のなかに、次のような記述がある。

商人たちへの支払いが滞り、クレームが殺到している。先月末、商人たちは連名の願書を藩邸に提出し、さらに藩邸内の役人たちの住居に押しかけ、不穏な空気になっている。

（2）「御入部御道中日記」（公益財団法人鍋島報效会所蔵、佐賀県立図書館寄託『鍋島家文庫』一五二－二二、以下同史料群の史料は、「鍋〇〇－〇〇」と史料番号のみ記す。

（3）「極密江戸贈答書附」鍋三一一－一二。

佐賀藩江戸上屋敷（国立国会図書館所蔵「広重画帖」）

この前年、佐賀藩は将軍家斉の娘盛姫（もりひめ）を直正の妻として迎え入れ、その婚礼および新婚夫婦の住居・諸道具費用など、多額の費用がかかった（佐賀藩の見積では、五万五〇〇〇両。現代の三五億円ほどか）。さらに将軍家から迎えた姫君の生活を制約するわけにはいかず、引き続きカネがかかっていた。

『公伝』のエピソードに似た内容の史料は、筆者が知る限りこの一点のみである。久米は何をもとにこのエピソードを書いたのか、久米はこの史料に目を通していたのか。今のところ知るすべはない。

青年藩主が目指したものは

筆者がこのエピソードの真偽にこだわるのは、前述の通り直正の「改革者」イメージの原点であり、かつその「改革」は「藩財政改革」とされてしまうからである。しかし本書は、「若き日の直正は、藩財政以外の改革に熱心だったのではないか」という視点に立っている。本書で詳しく紹介するが、天保年間の佐賀藩政の記録をみる限り、とても藩財政建て直しを最重要課題としていたとは思えない。これまでの直正像は、藩主就任からの藩政改革と、欧米列強に備えた軍備増強とをひとつにみるあまり、彼があたかも藩主就任当初から、軍備増強のための藩財政改革を目指したと評価されることが多かった。

その理由のひとつには、文化五年（一八〇八）に発生したフェートン号事件を、幕末佐賀藩の基点とみる考え方がある。ただし明治維新一五〇年博覧会では基本的にこのような見方は採らず、天保一〇年にイギリスと清国とのあいだで勃発したアヘン戦争や、天保一五年オランダ国王の開国勧告などを、直正・佐賀藩が対外的危機意識を高めた要因として位置づけていたように筆者は理解した。それはおおよそ現在の佐賀藩研究における、主流的な考えであろう。

しかしこの場合、対外的危機意識が高まる以前の直正・佐賀藩は何を目指していたのか、わからなくなる。一七歳の若さで父の跡を継いだ直正は、もともと何を目指していたのか。対外的危機意識が高まったあとの直正・佐賀藩を正しく知るためにも、明らかにすべきことであろう。

なお直正は、文政一〇年に元服した際、将軍家斉（いえなり）より一字を拝領して「斉正（なりまさ）」と名乗った。「直正」に改名するのは晩年の明治元年（一八六八）であり、本書で検討する天保年間は「斉正」とするのが正確だが、一般的に「直正」で知られていることもあり、本書では「直正」で統一した。

改革のスタート

史料について

ここではまず、直正（なおまさ）が藩主に就任した文政一三年（天保元年＝一八三〇）から、天保六年の佐賀城二ノ丸焼失までの佐賀藩政を検討したい。従来の佐賀藩研究では、当該期直正は前藩主斉直以来の重臣たちの協力が得られず、思うように手腕を発揮できなかったとされる。そして天保六年五月一一日、佐賀藩政の中心だった佐賀城二ノ丸（本丸や天守閣はすでに焼失）が焼け落ち、これを契機に直正は人事を一新させ、藩政改革を本格化させたという。このような整理に従うなら、二ノ丸焼失以前は佐賀藩政の「停滞期」となる。

ここで検討する史料は、おもに「鍋島夏雲（かうん）内密手控」(1)と「直正公御年譜地取」(2)である。鍋島夏雲（もともとは市佑（いちすけ）、夏雲を名乗るのは隠居後。本書では「市佑」に統一する）は文政一三年一一月から直正付の年寄という職に就き、その後元治二年（一八六五）四月までおよそ三五年間、直正の側に仕えた人物である。彼は日記にあたる「手控」と題した史料をいくつも遺しているが、(3)「鍋島夏雲内密手控」は「手控」などを参考に、彼が晩年にまとめた回顧録である。

（1）鍋〇二三－五二。『鍋島夏雲日記』（上峰町、平成三一年）に翻刻収録。
（2）鍋一一三－二四。佐賀県立図書館編集・発行『佐賀県近世史料』第一編第一一巻（平成一五年）に翻刻収録。
（3）前掲『鍋島夏雲日記』に翻刻収録。

「直正公御年譜地取」は、やはり直正の側近だった千住（せんじゅ）大之助が、明治一一年（一八七八）にとりまとめた直正の年譜のひとつである。彼は直正の死後、年譜の編さんに取り組んだとされている。(4) また彼のご子孫のもとには、「内密手控」の写しが伝存している。(5)「内密手控」も直正の年譜作成にかかわって市佑が編んだと考えられ、ふたつの史料は、重複する記事がいくつも見受けられる。

筆者は今のところ、当該期における直正の政治について、リアルタイムに作成された史料を十分に発見できていない。そのため後年作成された「編さん史料」という制約（内容の正確性、市佑・千住による意図的な記事取捨選択など）があるものの、現状ではこのふたつが、最も当該期の直正を知ることができる史料である。制約を念頭に置きつつ、「内密手控」「年譜地取」をもとに、検討をすすめたい。

直正の「改革」宣言

文政一三年閏（うるう）三月二八日、初めて佐賀城に入った直正は、佐賀藩が警備を任されていた長崎の視察に赴くなど、慌ただしい四月を過ごした。彼の施政方針が表明されたのは、五月七日である。当役(6)の鍋島十左衛門へ直正が渡した書付(7)は、藩財政の建て直しを課題としていた。そのうえで家臣たちへ文武の奨励や質素倹約を説き、「四民安堵」と佐賀藩に棲まう士農工商すべての平穏を願っている。

「『財政再建論者』直正の虚実」で述べた筆者の考えと矛盾し、財政再建を藩政

（4）村山和彦編『佐賀県幕末関係文書調査報告書』（佐賀県立図書館、昭和五六年）。
（5）佐賀県立図書館で複製本が閲覧可能。
（6）佐賀藩藩制機構のトップで、「請役」とも。
（7）「年譜地取」。

正定寺（佐賀市川副）

現在の八田宿付近（佐賀市八田）

のメインテーマとしているようにみえる。しかし佐賀藩だけでなく、いくつかの藩の財政を検討してきた筆者からすると、財政建て直しにかんする文言は、「どこの藩でも、どの藩主でもよく使う決まり文句」に過ぎない。[8] この書付では、後段の文武奨励・質素倹約や、「四民安堵」に直正の思想が表れていると筆者は考える。直正自身が質素な衣服をまとうなど、質素倹約に励んだエピソードがよく紹介されるが、その財政的効果は限定的であり、財政難を根本的に解決するのは難しい。

領民生活への関心

直正の改革宣言が出された同日、次の通達が藩政の役々[9]へ出された[10]。

正定寺を参詣する途中に通った八田宿で、殿様は倒れた家屋にそのまま住んでいる領民をみかけ、たいへん苦しいことだろうとお思いになった。また、佐賀城からわずかの道のりで遭遇した状況であり、領内全体ではいかほどかとたいへん心配され、生活に苦しむ領民を救済するようお命じになった。

この件は、直正にかなりの衝撃を与えたようだ。同年九月一三日、直正は藩政にかんする「御書付」を重臣たちへ披露した。内容は、前述の改革宣言を詳しくしたもので、家臣の文武奨励・質素倹約・職務遂行を徹底しろ、と厳命している[11]。

興味深いのは、「御書付」に記された直正の現状認識のなかに、「風災により、今にも倒れそうな家屋に住んでいる者も少なくない」と、八田宿（はった）での体験に基づいたものであろう一文が入っていることである。最初の改革宣言からおよそ四カ月、その間に直正が見聞きしたことが、「御書付」に反映している。

また直正は、頻繁に鷹狩りを催した。同年五月四日、川副筋（かわそえ）（佐賀市川副）で鷹狩りを催した際、直正は民政にかかわる代官（詳しくは後述）を同行させ[12]、その後も狩りや長崎への往復時、その地域の代官を召し出したという。市佑はこれを、「近年は珍しいこと」と評価している。直正は鷹狩りなどの際に自身の目で領内を巡視し、代官から説明を受けていたと考えていいだろう。天保三年の鷹狩りの際、直正は「猟の目的は領内の『ありさま』や『地利渕底』（地形のことか）を知るためなので、獲物の多少はどうでもいい」と話したという。

死刑囚への思い

天保二年四月二〇日、直正は側近の牟田口藤右衛門を召し出し、次のように話した[13]。この翌日、佐賀藩では死刑囚の死刑執行が予定されていた。「領民たちは藩主の子どものような存在であり、重罪を犯したとはいっても、死刑を執行するのは悲しいことである。そもそも罪を犯す者が現れるのは、領民に対する『教化』がうまくいっていないためであり、明日は酒や魚肉などは食せず、精進に服する」。

刑場で死刑に処された人々を弔う千人塔（佐賀市嘉瀬町妙福寺）

（8）伊藤昭弘『藩財政再考—藩財政・領外銀主・地域経済—』（清文堂、平成二六年）。
（9）「外向」と佐賀藩では呼ばれた。前述の当役は「外向」のトップ。対して藩主家の家産管理などを行う役々は「側」と呼ばれた。
（10）「年譜地取」。
（11）「年譜地取」。
（12）「内密手控」。
（13）「内密手控」「年譜地取」双方に載っている。

このときすでに年寄として直正の側に仕えていた鍋島市佑は、そのような前例はないと訴えたが、直正は聞かなかったという。

形成される政策方針

以上ふたつのエピソードから、「仁君」直正の姿を見いだすことができる。ただ佐賀藩政を考えるうえで留意すべきは、こうした直正の意向を、藩政を担う役人たちはくみ取る義務を負う、ということである。八田宿の状況から直正は領内の窮民たちに思いをはせたが、実態は別として直正が発言した以上、領内には窮民が多数存在するという前提に基づき、政策が立案されることになる。死刑囚のエピソードも同様で、直正の意図とは別に、それまでの佐賀藩行政（それを担っていた役人たち）を否定することになり、役人たちは「教化」を推進しなければならなかった。もし筆者がそのときの担当役人だったら、犯罪の隠蔽すら考えたかもしれない。死刑囚をださない、もしくは以前より減らせば、「改革」がすすんだことになるのだから。

窮民への援助

天保二年九月一八日、まずは佐賀藩の蔵入地（直轄地）の「百姓」[14]のなかから「極難」とされた二二五九世帯に対し、一世帯あたり銭二貫文（およそ二万円程度）が支給された。「極難」世帯の調査がいつから開始されていたのか確認でき

（14）城下町を除く、佐賀藩では「郷」とされた地域に住む人びと。おもに農民だが、それ以外の職業の人びとも含む。

なかったが、地域ごとの調査結果に基づいて支給対象世帯が決定されている。翌天保三年一一月三日には「市中」と「津」[15]でも同様の処置がなされ、一一九三世帯が対象とされた。支給対象世帯の調査には、それなりに時間がかかったと推測される。直正の八田宿での体験に基づいた直正の意思表明直後から、調査が開始されたとみていいだろう。直正の体験が、早速政策に反映された例である。

御仕組所の設置

直正の藩政改革は、「御仕組所（おしくみじょ）」を中心にすすめられたことが、先行研究で示されている。天保三年九月二七日、「相続方」[16]管下の御仕組所を独立させ、「御内外」にかかわらず「御改正」を担当させることになった。[17]「内」（「側」とも）は藩主家の家政・奥向きを指し、「外」は藩のまつりごとを意味する。平成の世に使われたキャッチフレーズを用いれば、「聖域なき改革」ということになる。

御仕組所の構成員は、まず請役所相談人など「外向」の役人のなかから選ばれた。さらに「側」の重役である年寄・側頭も「日々出勤」（御仕組所が開いている日は、毎日出勤という意と解釈する）が検討された。ただこのとき直正はこれを退け、年寄・側頭は必要があるときに限り御仕組所に出勤することとなった。

翌天保四年三月「外向」の役人たちは、必要の有無にかかわらず年寄・側頭（そばがしら）を毎日御仕組所に出勤させるよう直正に申請した。これに対し「側」の役々は、年寄らが御仕組所に毎日出勤し、本来「外向」の担当である藩政改革に深く関与す

（15）「市中」は城下町の町人居住地域。「津」は港町で、「側」の役所である小物成方が管轄した。

（16）藩財政運営を主管する部局。

（17）「年譜地取」。

ることは、「御内外の御規則」を破るものだとして反対した。[18]「御内外の規則」とは、「内」＝「側」と「外」＝「外向」それぞれが担当する職分があるという意味だろう。しかし直正は、「側」と「外向」の重役が日々議論を繰り広げなければ藩政改革はすすまないと述べ、「外向」の申請を認めたという。

「側」と「外向」

こうしてみると、直正はもともと「側」重役が御仕組所へ積極関与することを望んでいたのではなかろうか。最初は「側」の役人たちの反対により断念したが、再度この問題が浮上したときは、自らの考えを押し通した。

「側」は藩主鍋島家の家政や奥向きのほか、軍事機構も司った。一方「外向」は、藩のまつりごと（領内の統治・年貢収納、参勤交代や長崎警備など）を担った。一般的に佐賀藩の「藩財政」といわれるときは、「外向」が管理したもの（年貢を取材源とし、藩のまつりごとにかかる出費や藩主家の生活費など）を指す。一方「側」は、小物成（こものなり）（現金による租税など）や新田の年貢などを財源とした。支出については不明な点が多いが、藩主の名で行われる政策の経費などに充てられたようだ。ただ基本的には蓄積され、藩主家の資産として運用されていた。

藩主家の生活費は、基本的に「外向」から支出された。しかし藩主をはじめとする藩主家の人びとの周りは「側」の役人が固めており、たとえば江戸藩邸の費用削減を「外向」が求めても、「側」の役人たちの協力なしには実現しなかった。

(18)「内密手控」。

(19)「年譜地取」。

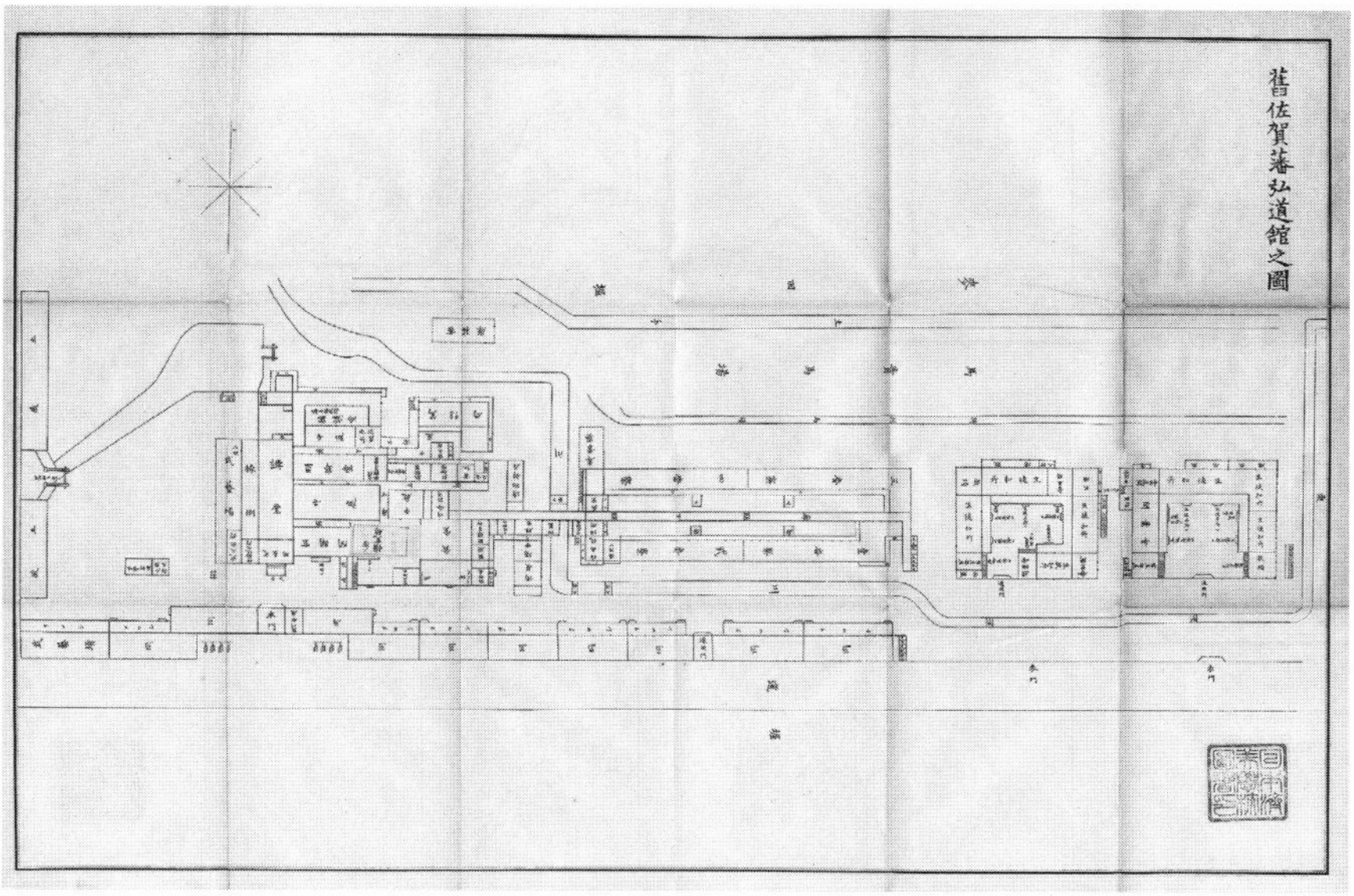

佐賀藩弘道館之図（佐賀県立図書館所蔵）

もちろん「側」と「外向」が常に対立関係にあったわけではないが、時には双方の意思疎通を欠き、藩政に影を落とすことがあった。そのため特に「外向」は「側」との協調を望み、直正もこれを認めたのである。

文武「怠け者」調査

御仕組所による「側」「外向」統合の効果か、天保五年には直正の意向に基づいた政策が、いくつも確認できる。同年六月八日、請役所より直正へ「文武」奨励にかんする提案がなされ、直正の承認を得た[19]。武芸の道場や領外での修業など、いろいろな内容を含んでいる。特に注目したいのは、「文武」の「出席」調査にかんする提案である。その調査結果は「学館」から請役所へ報告するとされているので、藩校弘道館への出席調査と考えたい。調査はもともと二年前から開始されていたが、最近は欠席者が目立つため、欠席が続く者の名前とその理由を調べることになった。一方で頑張っている者も報告し、それぞれ処罰・褒賞を検討することとした。さらに直正は、藩の重職に就いている上層家臣たちや若い藩士たちは特に精を出すようにと、自

医学寮があった八幡小路（佐賀市八幡小路）。現在、佐賀のみならず日本医学の発展に貢献した伊東玄朴（左）と相良知安の像が置かれている

身の意見を述べた。

後年になるが、天保一二年一月、弘道館にまったく出席していない、もしくは欠席が多い藩士八人に、「出米」（罰金）が命じられている。[20] 弘道館での文武修業は藩士の義務であり、それを果たさない者は処分された。

医学寮の設置

天保五年七月一六日、請役所は医学寮の設置を発表した。[21] 設置理由として、医学は領民を救うための第一の手段であること、および八代藩主治茂が表明していた「医業興隆」の念願を挙げている。医学寮設置は、領民安堵と治茂の政治への回帰という、直正の意向が反映された政策である。先行研究では西洋医学の導入が強調され、直正の「西洋志向」を示す事例とされるが、西洋医学はあくまで領民安堵のための手段である。

当初は佐賀城下の八幡小路（佐賀市八幡小路）に置かれたが、安政五年（一八五八）片田江（佐賀市水ケ江）に移転、「好生館」と改称した。好生館は廃藩置県を経たのちも存続し、現在も佐賀県医療センター好生館として、佐賀県民の生命・健康を守っている。

領民支配へのテコ入れ

天保五年七月二〇日、御仕組所は代官の交代を決定した。[22] 代官は前にも登場し

(20) 天保一二年「請御意御聞届諸役相達」（鍋三〇九‐一二〇）、伊藤昭弘編『古文書に見る鍋島直正の藩政改革』（佐賀大学地域学歴史文化研究センター、平成二七年）に翻刻収録。

たが、ここで詳しく説明しておきたい。まず前提として、佐賀藩は地方知行制を採用している点を押さえておこう。地方知行制は、藩主から家臣たちへ土地（知行地）が与えられ、家臣たちが自ら知行地を支配・経営するシステムである。これに対し蔵米知行制は、領地は藩が一元支配し、家臣たちには知行地相当の給米が与えられる（年貢率四〇％の藩で、千石取りの家臣がいた場合、給米は四〇〇石）。

代官は、基本的には蔵入地（藩の直轄地）の年貢収納を担当した。一方で、各郡もしくは複数の郡をひとつにまとめ、郡代が置かれた。たとえば小城郡では、同郡に最も領地を有する「三家」小城鍋島家が郡代をつとめた。郡代は、原則として蔵入地・給地（家臣の領地）関係なく支配（史料では「教化禁令」〔領民を教導し、法により支配する〕と表現されることが多い）したが、「三家」「親類」「親類同格」と称された上級家臣たちは「大配分」と呼ばれて特別扱いされ、一定の自治が認められていた。前述の小城郡には「親類同格」多久家の所領があり、形式上は郡代・小城鍋島家のもとにあったが、実質的には自ら所領を支配していた。

代官の人数・管轄地域は時期によって変化したが、天保五年頃は、市武・川副・上佐嘉・白石・皿山の五代官制が採られていた。このときは、「諸郷村格別御興隆」のため皿山以外の四代官を交代させ、後任に適任者を選んだという。さらに直正は、当役鍋島監物へ「御書付」を示し(23)、領民

■ 佐賀藩士の家格

三家	小城鍋島家・蓮池鍋島家・鹿島鍋島家
親類	白石鍋島家・神代家・村田家・村田鍋島家
親類同格	諫早家・多久家・武雄鍋島家・須古鍋島家
家老	深堀鍋島家・神代鍋島家・坊所鍋島家ほか
着座	納富鍋島家・有田家ほか
侍	大隈重信、島義勇、副島種臣など
手明鑓	下級藩士、江藤新平（手明鑓）など
徒	
足軽	

(21)「年譜地取」。
(22)「年譜地取」。
(23)「年譜地取」。

の「民俗」を正して「孝悌・力田」（年長者を敬い、農業に励む）の精神を取り戻させることが代官の急務であり、「教化禁令」の手段を尽くすよう命じた。

　ここで直正が、「教化禁令」という文言を使っていることに注目したい。前述の通り、この文言は郡代の職掌を説明する際に使われていた。しかし直正は、代官にもこの役割を求めたのである。

市中の取り締まり

　代官を通した領民支配の強化を発してから二カ月後の九月二九日、またも直正は鍋島監物へ「御書付」を示す[24]。そのなかで直正は、市中の住民のあいだに「怠惰奢侈の弊習」が蔓延していると断じた。実際に佐賀城下に住む町人たちのなかに、怠け者・贅沢者が多くいたのかはわからない。しかし直正がこう発した以上、それは事実として政策が立案されることになる。直正は「遊民」（定職を持たない人びと）をなくすため、町人すべてが生業に励み、法令を守って倹約を貴び、孝悌（こうてい）・廉恥（れんち）（恥を知ること）の精神を身につけるよう「教える」必要があるとした。そしてその具体策を立案するよう、御仕組所に指示した。

　直正は、領民たちを（彼が考える）正しい道へ導くことが領主のつとめと考え、彼がすすめる藩政改革の中心課題とした。かくして佐賀藩政の主要テーマのひとつとして「市中取締」が浮上したが、御仕組所や町方[25]が立案した具体策が史料上確認できるのは、もう少し後年のことである。

（24）「年譜地取」。

（25）市中を管轄、町奉行や町代官とも。

佐賀藩の宝くじ――勧化講・万人講

江戸時代、全国で広く宝くじが催され、佐賀藩では「勧化講（かんげこう）」と呼ばれていた。「勧化」とは神仏の教えを説くことのほか、資金集めの意味を持つ。「講」という語が使われているのは、「頼母子講（たのもしこう）」のように複数の人びとがカネを出し合う、という意だろう。寺社の維持費用などを名目として、多くの領民から少しずつカネを集め、その一部を当選金に充てた。

佐賀藩では、「御物成幷銀御遣方大目安[26]」（以下「大目安」）という財政帳簿が作成され、明和元年（一七六四）から安政四年（一八五七）までの分が毎年一冊ずつ現在も伝存している。年貢米が藩の蔵に入り始める一〇月から翌年九月までを一年度としており、本書でたとえば「安政四年度」の「大目安」と記した場合、安政四年一〇月～同五年九月までを意味する。

文化一〇年（一八一三）度の「大目安」には、勧化講の利益として「定銀[27]」一二四五貫余（現在の一〇億円程度）が収入に計上されている。それまで佐賀藩領内の寺社が独自に勧化講を実施していたのか筆者は不詳だが、このときから藩が主催し、利益を藩の収入としていたことがわかる。

勧化講のほか、「万人講」「千人講」などと呼んだ宝くじも、佐賀藩は催していた。こちらは勧化講の主催より早く、安永二年（一七七三）度の「大目安」に、収入として計上されている。

（26）鍋三四一－四、五、九、一〇、二五～二九、三九～四八。

（27）一匁を銭八〇文に固定した、佐賀藩独特の貨幣制度。

（28）「年譜地取」。

宝くじの停止

天保五年一〇月一四日、直正は宝くじの停止を表明する。[28] ただし、すぐにやめるのではなく猶予期間を設け、藩財政への影響を抑えようとした。

佐賀藩の宝くじ収入額は、藩主催の勧化講が始まった文化一〇年度から急増し、文政三年度には銀二六九六貫余（現在の二七億円ほど）に達した。収入に占める割合（借金や前年からの繰越金などをのぞく）は一〇％から二五％に達し（文化一〇年より前は数％程度）、この時期、佐賀藩の重要な収入源だった。ただ文政三年度がピークで、その後は直正の藩主就任以前から減少傾向にあり、収入に占める割合も一〇％を超えることはなかった。

宝くじを停止する理由としては、「政道の趣旨に反する」としか説明されていない。領民の「教化」をすすめる直正からすると、宝くじは領民を惑わせる（一攫千金を狙い、生業をおろそかにする）ものだったようだ。また年貢など領主としての本来的な収入のほかに、宝くじのように領民の射幸心をあおる手段によって藩が利益を得ることを、直正は嫌ったとみられる。

遊郭の廃止

筑後川河口の諸富津（もろどみ）（佐賀市諸富）は佐賀藩における有明海側の良港で、筑後川沿岸のみならず、筑後川から西にのびる佐賀江川（さがえ）によって佐賀城下とつながる、物資の一大集散地だった。諸富津では他国の廻船が寄港するようにと、「抱女」

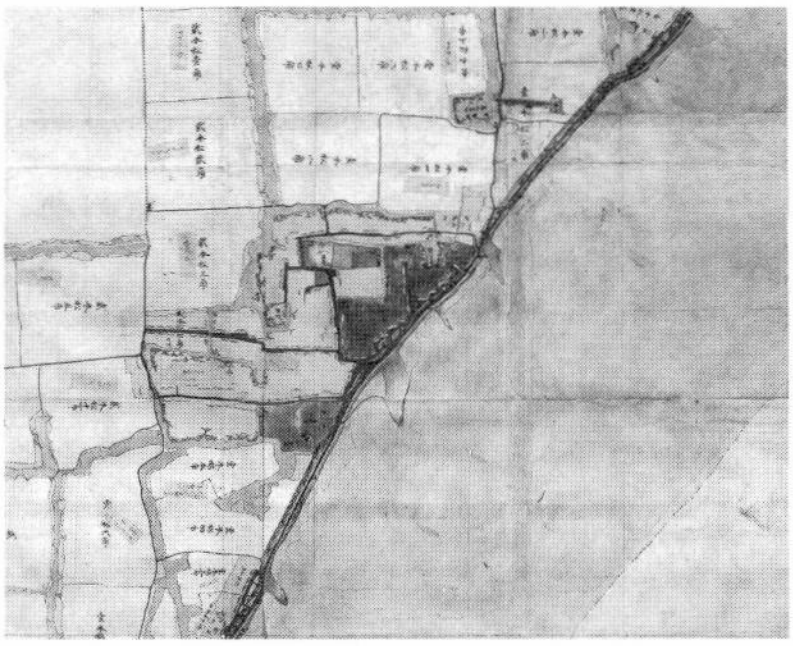

諸富津（佐賀県立図書館所蔵「川副東郷諸富村図」）

(29)「年譜地取」。
(30)「内密手控」。
(31)「年譜地取」。

が藩によって認められていた。しかし直正は、やはり「政道の趣旨に反する」として、即時禁止を命じた[29]。

御仕組所の面々には、反対意見を出す者がいた[30]。「抱女」を禁止すれば、他国の廻船は諸富津に寄港せず、筑後川の対岸にある久留米藩領若津港に行ってしまう。佐賀藩領に入るはずの金銀が若津に落ちることになり、領内経済にマイナスである。また領民のなかにも密かに若津へ出向く者が現れ、犯罪者（密出国者）を生むことになる。このような反対意見を直正は一蹴し、「抱女」は「道ならぬ筋」だと断定したという。そのような道に、家臣・領民はもとより領外の者すらも引き入れてはならないと戒め、諸富津の振興策は別に考えるよう命じた。

「修己治人」の政治

天保五年一一月一日、直正は重臣たちに対し、藩政にかんする心構えを説いた[31]。藩主就任以来五年たつが、まだまだ間違った政策が多い。ひとえに自身の若年不徳の故であり、重臣たちは積極的に意見して欲しい。藩政の責任は藩主と重臣たちにあり、「修己治人」の道を究め、家臣・領民の模範とならねばならない。

「修己治人」とは、朱子学の祖朱熹が著した『大学』の文言であり、自己研鑽し、徳を積むことによって人びとの模範となり、正しい政治を行うことを意味する。朱子学者である古賀穀堂に師事した直正らしい考え方であり、ここまで紹介してきた、彼の政治の根本にあった。財政と結びつけて考えがちな彼の質素倹約志向も、もちろん支出を減らせば財政にプラスではあるが、むしろ「修己治人」のスローガンの如く、自らが家臣・領民の模範たる姿を示すべき、という意識に基づいている。いわば理想の君主像、および理想の臣下・領民像を直正は持っており、その実現のために邁進した五年間、それが直正初期の政治である。よくいわれる「そろばん大名」の姿とは、大きく異なっていた。

ただし藩政運営・領民支配の観点から考えて、彼の思想が当時の実態に即していたものなのか、正しい方向性だったのかは、考えてみる必要があるだろう。これは歴史研究の領域というより、本書の読者それぞれの価値観や倫理観、考える政治（家）像とかかわる問題だろう。たとえば宝くじの停止は、藩が領民たちに一攫千金の誘惑をかけて大金を得ることに、直正が我慢できなかった結果である。ただ現代の宝くじについて、こうした否定的な意見を見かけることはない。収益による公益事業がアピールされるし、報道でも「庶民の夢」として語られる。直正が治めた世は、領民たちには暮らしやすかったのだろうか。

藩財政について

「藩財政が苦しい」とは？

ここまでは、直正(なおまさ)が藩主に就いてからおよそ五年間の政治について検討した。すでに述べたように、「藩財政建て直しは直正の最重要課題ではなかった」というスタンスを本書は採っている。しかし、にわかに信じがたい読者もおられよう。ここでは天保期（一八三〇～一八四四）初めの佐賀藩財政について、筆者の見解を述べたい。

そもそも「藩財政が苦しい」とは、どのような状況だろうか。筆者はこれを、「資金繰りが行き詰まる状態」と定義したい。藩の資金調達方法は、大まかには領内での収入（おもに年貢）と、領内外での借金がある。凶作が続いたり、商人たちがカネを貸してくれなくなれば藩の資金繰りは滞り、「藩財政の危機」となる。現代であれば、企業なら倒産・破産、自治体なら財政再建団体として厳しい状況が待っている。国でいえば、一時期ギリシャの苦況がさかんに報道された。

しかし藩は、倒産・破産することはなかった。諸藩の研究で、「〇〇藩は破産状態だった」などと評価されることもあるが、財産を差し押さえられたり、領地を没収されたわけではない。筆者が定義する「資金繰りが行き詰まる状態」にしても、それがただちに藩の存亡を左右することはない。考えられる危機といえば、藩財政を改善するために領民へ重税を課した結果として一揆が起き、その責により改易される、というケースだろうか。

「莫大な借金に悩まされた直正」像

直正は藩主就任後、父斉直（なりなお）期の放漫財政により残された莫大な借金に悩まされた、と説明されることが多い。ただし、直正の時期はもちろん、江戸時代を通して、佐賀藩の借金総額がわかる時期・年は、現段階では確認できない。『公伝』の、直正初帰国時のエピソードが改変[1]されて語られるようになったことも影響し、「直正藩主就任時の佐賀藩は借金だらけ」というイメージが形成されているが、史料の裏付けはない。

佐賀藩の借金総額はわからないが、「一年あたり借りた／返した」額は、前述した財政帳簿「大目安」で判明する。放漫財政で借金を増加させたと評価される斉直治世期の総借入・総返済額を計算すると、後者の方が銀四五三六貫ほど多い。すなわち「大目安」をみる限り、斉直の頃に借金はさほど増えなかった[2]ことになる（隠れ借金があれば別だが）。ただ一年あたりの借入・返済額はともに約銀一万～三万五〇〇〇貫程度と高額であり、借り換えなどで凌いでいたとみられるが、銀主（ぎんしゅ）（貸し主のこと）との交渉は難航しただろう。また借金は増えなかった

（1）商人たちが江戸詰藩士たちに「ツケ」を払うよう求めていたと『公伝』は記すが、その後の研究や小説などは、藩の借金を取り立てに集まったと記すことが多い。

（2）「さほど増えなかった」としたのは、返済額に含まれる利払い額がわからないため（含まれていない可能性もある）。

佐賀藩大坂蔵屋敷跡（現大阪高等裁判所）

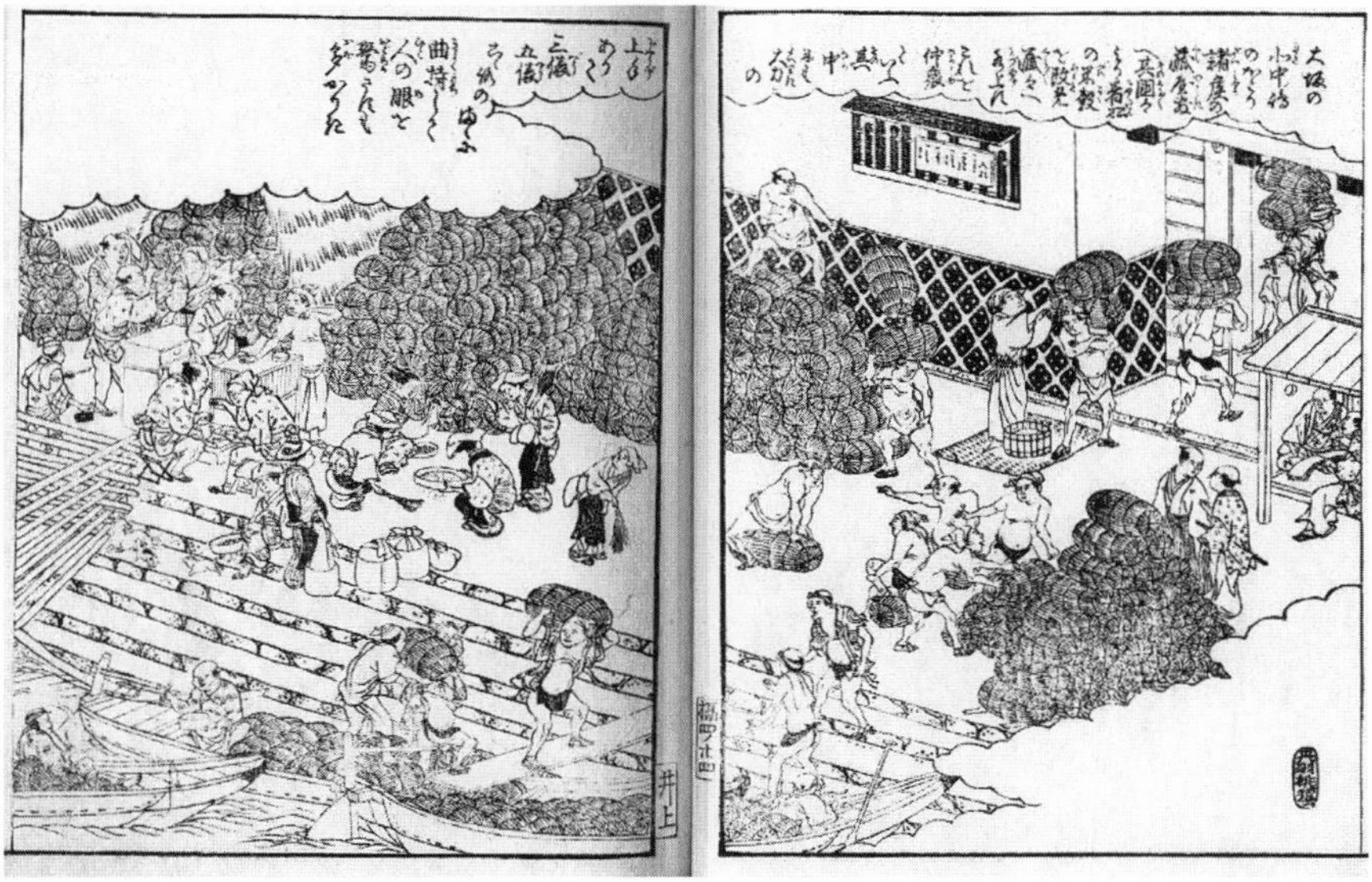

蔵屋敷の様子（大阪市立図書館所蔵「摂津名所図会」）

としても、「献米」などと称した家臣・領民からの強制徴収が恒常化しており（これは直正が藩主のときも変わらない）、領内への負担転嫁により、借金が問題化しないよう抑えていたとも評価できよう。

佐賀藩財政の危機①　文化一一年空米切手事件

諸藩の多くは年貢米の大半を大坂へ運び、まずは自藩の大坂蔵屋敷に納めた。蔵屋敷では運び込まれた年貢米を販売し、現金を得た。年貢米の販売は、いきなり米の現物を売るのではなく、まずは米切手を発行し、それを大坂堂島（どうじま）（大阪市北区）の米市場で売りに出した。

米市場で佐賀藩の米切手を買った商人の目的は、大きくふたつあった。ひとつは現物の米を入手し、販売するためである。その場合、米切手を蔵屋敷に持参し、米を受け取った。

もうひとつは、米切手そのものを商品とみなし、それを高く売ることで利益を得たり、金融業者に借金する際の担保としたりした。現在の株式市場のようなイメージでいいだろう。米相場が安いときに米切手を買い、高いときに売

堂島米市場（「摂津名所図会」）

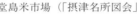

り抜けば利益を得られる。米切手の売買が、現物の「コメ」の売買とは別の思惑で行われた。そのため諸藩は、蔵屋敷にある米の総量を超えた米切手を販売することがあった。

ただその場合、商人がいざ現物の米と米切手を引き替えようとしたとき、できない可能性が生じる。現物の米のあてがない米切手は「空米切手」と呼ばれ、米切手取引を混乱させた。そのため幕府はたびたび空米切手の禁止を命じるが、諸藩にとって手っ取り早い資金調達手段だったため、徹底できなかった。

大坂では現物の米と米切手の引替を求める商人が、藩の蔵屋敷に押しかけたり訴訟を起こしたりするなど、空米切手がたびたび問題化した。佐賀藩も、文化一一年（一八一四）一〇月に空米切手が表面化してしまう。(3) その額はおよそ二〇万石で、現在だと一〇〇億円以上だろう。佐賀藩が米切手を買い戻すことで決着したが、代金は一〇年以上のローンで支払うことになった。

「六軒銀主」の登場

この事件により大坂における佐賀藩の信用は失墜し、新たな借金も難しくなったと考えられる。そのためか、その後もたびたび空米切手を発行してしまったようで、その処理に追われていた。

（3）『大阪市史』第二（大阪市役所、大正三年。昭和五三年清文堂出版より復刻）。

文政五年（一八二二）、佐賀藩は中原（鴻池屋）庄兵衛・中村（銹屋）次郎兵衛・炭屋猶・広岡（加島屋）五兵衛・室谷（播磨屋）仁兵衛・常吉（肥前屋）八郎兵衛たちの手代一〇人に対し(4)、扶持米を付与・加増した(5)。中原ら六人は大坂の銀主で、いずれも佐賀藩から苗字で呼ばれている（炭屋は屋号だが、このとき当主が女性〔猶〕だったためのようで、本来は「白山」を苗字とした）。

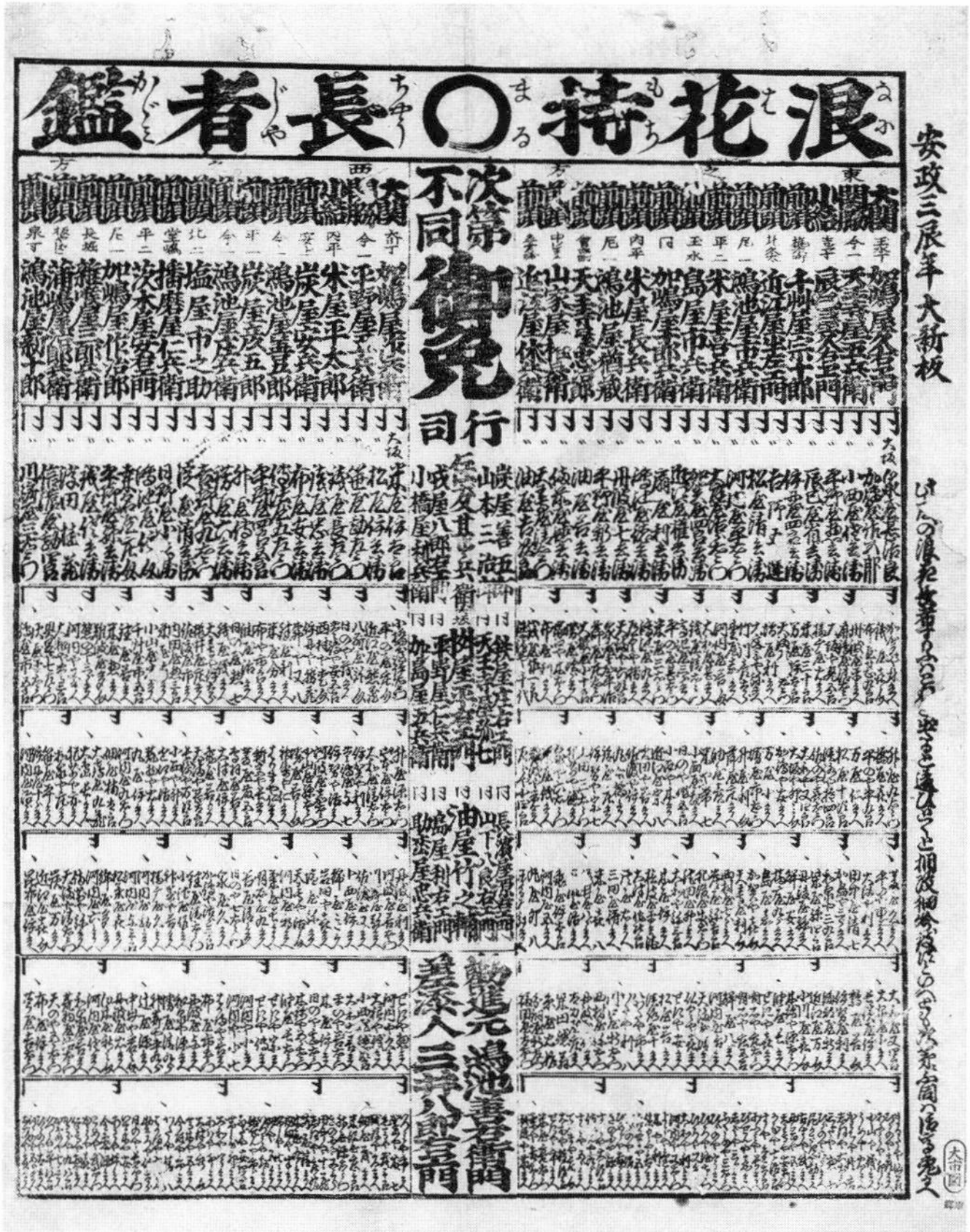

安政三年大坂の長者番付（大阪市立図書館所蔵「浪花持○長者鑑」）。最上段に炭屋・鴻池・播磨屋、2段目に加島屋・銹屋の名がみえる（すべて前頭）

　江戸時代、苗字を公的に使用するのは武士など支配者層である。しかし農民や商人たちのなかにも、領主に許されて苗字を用いることがあった。佐賀藩も領内の人びとだけでなく、大坂など領外の商人などに、功績を賞して苗字の使用（佐賀藩との関係のなかに限定か）を認めていた。佐賀藩の場合、苗字はかなり大きな功績がなければ許さなかっ

（4）諸藩と具体的な交渉を行うのは手代で、ひとつの店には複数の手代がおり、取引相手の藩を分担していた。
（5）文政五年「御意請」。

（6）文政二年「御意請」（鍋三〇九－一〇）。
（7）「京大坂御借財改談御請書一条扨又御払出銀幷減甘銀小割」（鍋三四二－五一）。

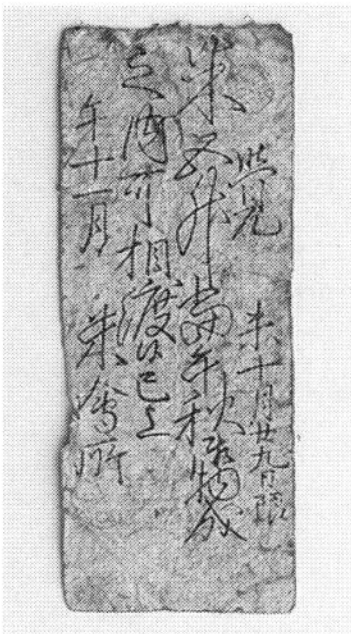
米筈（山本家文書）

たようだ。
すなわち、すでに中原らは佐賀藩に多大な貢献を果たしており、さらにこのとき彼らに仕える手代たちも、佐賀藩より褒賞を得たのである。その理由として、「切手取鎮」すなわち空米切手の処理にかかわる貢献を、佐賀藩は挙げている。
中原らは佐賀藩の空米切手処理に、大きく貢献したとみて間違いない。文政二年佐賀藩は、空米切手事件のローン返済について銀主らと再交渉を行い[6]、ローン期間は七五年もしくは一〇〇年に延長された[7]。空米切手事件により、佐賀藩は大坂における信用が失墜し、資金調達が難しくなったが、中原らの支援により乗り切った。文政五年頃から、佐賀藩では彼ら六人の銀主を「六軒銀主」と呼び、ほかの銀主よりも特別な、現代の「メインバンク」にあたるような存在として扱った。「六軒銀主」のうち、常吉を除いた五人はいずれも大坂の有力両替商・金融商であり、佐賀藩は大きな後ろ盾を得たのである。

佐賀藩財政の危機② 濫発した藩札の処理

佐賀藩は安永九年（一七八〇）以降、「米筈（こめはず）」という紙幣（藩札）を発行していた。その名の通り、紙幣には「米〇升」などと記されていた。ただし表記された米の量と等価ではなく（米一升と書いてあっても、現物の米一升と引替できるとは限らない）、佐賀藩は一升＝銭四〇文の公定価格を定めていた。そのため米で表記しつつも、実際は銭貨を基準にした紙幣である。文化七年の米筈価格を

（8）伊藤『藩財政再考』。

一〇〇とした場合、同一一年は六四、文政五年には一六にまで落ち込んだ。米筈の価値は、一二年で六分の一まで低下したのである(8)。

価格下落の理由は、米筈の濫発だった。佐賀藩は米筈を大量に作成し、それを領内の富農商に押しつけ、代わりに現金銀を取り上げたとみられる。文化一一年から価格が低下しており、空米切手事件により大坂での資金調達が滞った結果、米筈に頼ったようだ。もともと一〇万石ほどだった米筈の発行高は四〇万石に達し、佐賀藩領内では、商品の代金として米筈の受取を拒否する商人が現れたという。米筈の濫発は、江戸藩邸の費用調達を名目として実施されており、本来なら大坂で集めるカネを領内で集めたことになる。藩の資金調達失敗のツケが、領民生活に大きな悪影響をおよぼしていたのである。

米筈の信用回復

六軒銀主の手代たちが佐賀藩より褒賞を得たとき、吉文字屋（きちもんじや）久米蔵なる商人にも扶持が与えられた。吉文字屋は室谷仁兵衛の紹介で佐賀藩とかかわるようになり、「切手御買戻」（空米切手の件）や「米筈御仕法」に貢献したとされている。

吉文字屋は、「米筈御仕法」すなわち米筈の改革に資金を出していた。文政五年佐賀藩は、発行済みの米筈四〇万石余をすべて買い戻したうえで、新たな米筈一〇万石を発行することにした。新米筈の価格は一升＝銭四〇文とし、その流通量を減らしたうえで、価格安定を図ったのである。吉文字屋は、このときの米筈買い戻し費用を工面したと考えられる。

しかし、このときは佐賀藩の思惑通りにすすまず、さらに追加策を打ち出した結果、文政一二年以降、米筈価格は佐賀藩が望む一升＝銭四〇文で安定するようになった。米筈は、その後安政三年（一八五六）まで発行され、佐賀藩領の人びとに使用され続けた。米筈は文政期の危機を脱し、「地域通貨」としての役割を果たしていたのである。

文政一一年台風の被害と藩財政

大坂銀主との関係が安定し、米筈価格も持ち直してきた文政一一年八月、佐賀を巨大台風が襲った。佐賀藩の「着座」納富鍋島家の記録には、「このような台風は経験がない」と記されている(9)。この台風襲来をもって、幕末佐賀藩の基点とする見解もあるようだ。

佐賀藩領は大きな被害を受け、藩財政にも影響をおよぼした。財政帳簿「大目安」によれば、文政一一年度の年貢米収入はおよそ五万八〇〇〇石で、前年度（約九万七〇〇〇石）の六割ほどに落ち込んだ。ただし佐賀藩にとって幸運だったのは、米価が前年度の一・六倍に上昇しており、年貢米の売却代金は、約一割の減少で済んでいた。台風は佐賀藩のみならず日本列島の広い地域に被害を与えており、凶作により米価が上がっていたのだろう。

さらに以降の年貢収入をみると、文政一二年度にはほぼ九万石にまで回復し、

■ 年貢収入の推移

文政 10 年度	97, 529
文政 11 年度	58, 547
文政 12 年度	89, 901
文政 13 年度	90, 263
天保 2 年度	96, 111

（単位は石）

（9）文政一一年「日記」（鍋〇二二一‐一五五）。

天保二年（一八三一）度には文政一〇年度とほぼ同水準に達している。財政帳簿をみる限り、佐賀藩は台風被害による減収をその年のみに抑え（それも年貢米の売却代金でみれば、大きな額ではなかった）、財政への影響を最小限にとどめた。

具体的な財政的課題がなかった直正

以上のように文政期の佐賀藩は、藩財政運営において大きな役割を果たす大坂銀主と強固な関係を築き、領内では紙幣である米筈の安定流通を実現していた。台風による財政的被害も長期化せず、藩主に就任した直正の前に、具体的に取り組むべき財政的課題は存在しなかった。

直正は就任当初から質素倹約を訴え、自ら経費の削減に取り組んでいる。ただし費用削減にも限りがあるし、佐賀藩のみならず他藩の財政も検討したことがある筆者からすると、[10]「支出削減」や「財政建て直し」といったかけ声は、いつでも、どの藩でもみられ、佐賀藩・直正の時代に限ったことではない。

初帰国時の、根拠がはっきりしない悲壮なエピソードで印象づけられ、直正は就任当初から「財政再建に取り組んだ」藩主として語られてきた。そしてその成否（具体的な指標が示されることはないが、軍備強化＝財政再建ができた、と理解されてきたのだろう）により彼の政策は評価され、彼が本当に求めていたものが蔑（ないがし）ろにされてきたように思う。本書でここまで述べてきたように、天保期の佐賀藩・直正の政治を評価するには、むしろ財政以外に着目すべきである。

（10）伊藤『藩財政再考』。

佐賀城火災と佐賀藩政

「改革の分岐点」としての佐賀城火災？

天保六年（一八三五）五月一〇日、直正は脊振山中（神埼市脊振町）の多聞坊に宿泊し、翌日脊振神社上宮を参詣する予定だった。翌朝直正のもとに、城下より早馬がやってきた。同日の「八半」頃（午前三時頃か）佐賀城二ノ丸で火災が発生し、朝八時頃鎮火したが、二ノ丸が焼け落ちたとの知らせである。直正は急ぎ佐賀に戻り、三ノ丸に入った(1)。

佐賀城は、享保一一年（一七二六）の火災で天守閣・本丸・二ノ丸・三ノ丸を失った。のち二ノ丸・三ノ丸のみ再建され、二ノ丸が藩政の中心となっていた。二ノ丸を再び焼失したことは、藩政の核を失ったに等しい。直正はただちに幕府へ報告し、参勤の猶予を願い出た。五月二〇日には再建責任者に鍋島十左衛門・同隼人を任命し、同二八日、本丸再建を表明した。

従来の佐賀藩研究によれば、直正は佐賀城火災を契機として、それまで藩政改革に熱心でなかった重臣たちを更迭し、兄の鍋島安房を藩政の最高職・当役に据えたほか、みずからの側近たちを登用した。さらに徹底的なリストラに取り組み、

（1）本項は「年譜地取」による。

多門坊があった脊振神社下宮（神埼市脊振町）

財政再建を目指したとされる。佐賀城火災は、直正の藩政改革の「分岐点」として位置づけられてきた。

人事再考

こうした評価が適切なのか、まずは人事面を検討したい。火災直後の五月一六日、直正は「親類同格」須古鍋島家を相続していた実兄鍋島安房を当役に任じた(2)。六月四日には安房に御仕組所勤務を兼帯させたほか、本来は「着座」と呼ばれた上層家臣が就く請役相談役と相続方相談役に、それぞれ井内伝右衛門・中村彦之允を任命した。井内は古賀精里（直正の師であり側近でもあった古賀穀堂の父）に師事し、幕府の学校である昌平黌に学んだ朱子学者である。さらに六月六日には年寄・側頭など数十人、同一〇日には請役相談役差次成富十右衛門などが職を解かれた。成富らの解職、および鍋島安房・井内らの登用をもって、人事刷新との評価がなされている。

ただし成富らの肩書きには、「差次」とついていた。「差次」は、ある役職の「本役」をつとめる人物の、補助的役割を果たした。現代にたとえると、○○課の「課長」が「本役」で、「課長補佐／代理」が「差次」といったところだろうか。かつ臨時的に置かれるポストで、たとえば請役相談役の「差次」を解職しても「本役」がいるはずで、「本役」の面々が解職されたとの記録はない。すなわち、火災以前の藩政執行部もある程度は留任しつつ、新たなメンバーが加わった

（2）本項から次々項までは「年譜地取」による。

のである。

同年八月一日、直正は鍋島安房に改めて当役および御仕組所・相続方兼帯を命じた。さらに「家老」倉町鍋島家の鍋島大隅には当役・仕組所・相続方と「申談候様」と、前当役の鍋島監物（「家老」太田鍋島家）には相続方・御仕組所を兼帯し、当役と「申談候様」と命じている。「申談候様」は、「話し合え」「相談に乗れ」という意だろう。また同日、「親類同格」の諫早豊前に当役の差次が命じられた。本役の鍋島安房が出府中の臨時措置だったが、天保八年八月一六日、再度任命された。安房の体調不良時の代役としての任命だったが、二人同時に御仕組所へ出勤していることも多かった。さらに天保七年一二月一一日には、火災以前に請役相談役をつとめていた鍋島隼人・大塚頼母、相続方をつとめていた成松万兵衛が同じ職にあり、佐賀城火災後も留任していたようだ。

先行研究では「重臣層」とか「門閥層」などと呼ばれ、直正に排除されたかのように論じられる人びとが、依然として藩政の中枢に残っていたのである。そのため本書では、佐賀城火災により人事面で劇的な変化が生じたとは評価せず、むしろ火災以前の体制を強化したと考える。

この人事で注目すべきは、側近か門閥かという対立構造ではなく、前述の井内をはじめ、弘道館の教官をつとめたり、朱子学者古賀精里・穀堂のもとで学んだ者が多く登用された点である（先行研究も強調）。側頭として直正の近くにあった牟田口藤右衛門は弘道館の指南役をつとめ、佐賀城火災後は同校の教導方申談にも就いた。奥小姓の永山十兵衛も弘道館教諭方を兼務し、のち側目付に転任、御仕組所にも勤務している。直正の師匠である古賀穀堂は天保七年に亡くなるが、彼や彼の父に育てられた人材が御仕組所に多く配置された。

家臣・領民の献身

佐賀城再建問題に話を戻そう。再建には、何より費用がかかる。佐賀藩はさまざまな手を用いてその調達を図るが、まず家臣や領民たちの行動を紹介したい(3)。

火災後の五月二九日、今年の知行米(4)を差し上げたいと、鍋島安房・諫早豊前・鍋島十左衛門が申し出た。さらに多久美作（たくみまさか）（金五〇〇両）、鍋島主水（もんど）（同二〇〇両）、鍋島弥平左衛門（同一五〇両）、鍋島監物・鍋島淡路・鍋島大隅（同五〇両ずつ）、鍋島孫六郎（釘五〇〇〇斤）、鍋島土佐（瓦一〇万枚）ら重臣たちが、金品の献上を願い出た。年寄はじめ「側」の面々、請役相談役など役人たち、さらにはほかの家臣たちや領民たちからも、知行米・切米（藩から支給される米）などが差し出された（領民たちは金品だろう）。

ただ請役所は、これだけでは不充分とみなし、この年のみ家臣たちが申し出ている知行米・切米の上納を、翌々年まで実施することとした。家臣たちには藩より相続米という名目で米が渡されたが、最大で従来の収入の六割弱、最も少ない場合は一割ほどしか支給されなかった(5)。

（3）本項は「年譜地取」による。
（4）家臣たちが、各自の知行地から得る年貢米。
（5）知行高・切米高が大きいほど、相続米の受給割合は小さくなった。

支出削減の努力

天保六年五月二四日に年寄から江戸藩邸へ出された通達[6]には、本丸再建には数万両が必要であり、役所の支出を三割減、役人を四〇〇人ほど削減するなど佐賀での取り組みが列記され、江戸藩邸においても経費削減をすすめるよう記されている。直正の藩主就任以来、佐賀藩はもともと支出削減をすすめていたが、佐賀城火災以降、その傾向はさらに強まった。

天保一〇年四月頃の記録によれば[7]、各役所の支出削減は、実際には二割だったようだ。また天保九年四月の記録によれば[8]、佐賀城火災を理由として、大坂銀主に借金三万両の返済猶予、およびその他の借金の一年あたりローン返済額を半分にするよう要請し、銀主の同意を得たという。佐賀藩はあらゆる手段によって資金・資材を確保し、本丸の再建を目指した。

借金の整理

この頃佐賀藩は、大坂銀主などからの借金について、三分の一だけを返済し、残りは「献金」というかたちで踏み倒した、といわれる。この論は、ある史料に基づいた推論として出されたものだが、いつのまにか事実として語られ、直正の財政再建推進論の一翼を担ってきた。

「ある史料」とは、天保一〇年度の財政帳簿[9]（ここまで検討してきた「大目安」とは別）の、三井（現代の「三井」を冠する企業のルーツ）への返済にかんする

（6）「年譜地取」。

（7）天保一〇年「〔請御意〕」（鍋三〇九‐一三）、伊藤昭弘編『古文書に見る鍋島直正の藩政改革（二）』（佐賀大学地域学歴史文化研究センター、平成三〇年に翻刻収録）。

（8）天保九年「請御意」（鍋三一一‐五）。

（9）天保一〇年「御遣合目安」（鍋三四一‐八）。

記述である。佐賀藩は、三井から借りていた銀三一二貫余について、天保九年から同一三年までの五年間、毎年銀二〇貫ずつ返す計画を立てた。この記述から、佐賀藩はこの五年間の合計一〇〇貫しか返済せず、残り二〇〇貫余は返さなかった、との推測が生まれていた。

しかしながら、この推測は誤りである。前項で紹介した天保九年四月の記録にあったように、佐賀藩は佐賀城火災を機に、借金の返済猶予や一年あたりローン返済額の減額を、大坂銀主に認めさせていた。ただしそれは無期限ではなく、天保六年から八年までの約束だった。そのため佐賀藩は天保九年に大坂銀主と再交渉し、三井とはこの内容で同意していたのである。確認できる範囲では、佐賀藩と三井は弘化四年（一八四七）に元本の四〇年ローン、年利〇・五％と取り決めている。さらに安政元年（一八五四）には、一年あたり返済額をそれまでの一割に減額し、利息は年〇・二五％にするよう佐賀藩は求めたが、三井に拒否された[(10)]。佐賀藩は佐賀城火災を機に、三〜五年ごとに銀主と返済方法（一年当たりの支払額や利息）を話し合うようになっていたのである。

筆者が検討した限り、直正の治世期において、借金を踏み倒した事例は確認できない。前述のようにたびたび返済条件を変更したり、まったく返さない（実質踏み倒し）場合も、たとえば五年間の期限付きで返済を見送り、五年後、同じ要求を銀主に認めさせていた。

(10)「京大坂御借財改談御請書一條扨又御払出銀幷減甘銀小割」。

佐賀城火災と佐賀藩政

天保六年の佐賀城火災は、その後の藩政に次のような影響を与えたと考えられる。まずは藩政の中心である御仕組所や請役所に、学者（朱子学者）が進出したことである。このことにより、以前から直正が目指していた「修己治人」の方針が、より強化されたと考えられる。さらに、火災を機に大坂銀主との借金返済をめぐる交渉が活発化し、およそ三～五年のスパンで、一年あたりの返済額や利息について再検討するスタイルが確立した。これはのちに、佐賀藩の借金返済負担を大きく減らすことになる。

また、詳しくは検討できなかったが、人材登用について触れておきたい。天保七年六月二八日、直正は請役所へ次のような「御沙汰[11]」を出した。

> 諸役人の選任は、とても大事なことである。もちろん役々の皆はすでにそのように考えているだろうけれども、ふだんから強い意志をもっている人物かどうかきちんと吟味するように。

人選基準など詳しい説明はないが、人材登用に力を入れるよう直正は請役所へ要求した。この点も、その後の佐賀藩政に大きく影響していく。

（11）「年譜地取」。

「古昔之美俗」を求めて

「請御意」にみる佐賀藩政

ここからは、天保七年（一八三六）以降の佐賀藩政を、「請御意（ぎょいうけ）」(1)という史料を中心に検討したい。「請御意」とは、藩主の「御意」を「請」けるという意味で、御仕組所から上申された内容と、藩主の回答（「御意」）が記録されている。本書が対象としている天保期では、天保八〜一〇、一二年の「請御意」が伝存している。ここまでおもに検討してきた「年譜地取」や「内密手控」は、前述のように編さん記録・回顧録であり、内容には偏りがあると考えなければならない。しかし「請御意」は、まさにリアルタイムの記録であり、当時の佐賀藩政の実態を知る上で格好の素材である。

天保八年の「請御意」には、同七年一二月一二日に直正（なおまさ）が発した、藩政改革にかんする決意表明が収録されている。

最近は目の前の問題ばかりに追われ、藩政の基本を立てたり、人びとの教化を行き届かせるまでには至っていない。家臣はもちろん領民まで、立藩当初

（1）鍋三〇九ー一八。正確なタイトルは「御意請」。

の気風に戻り、忠孝・文武を奨励し、礼儀を正し勤勉・質素でなければならない。（中略）このたび改めて藩政の基本を立て、人びとの教化を徹底し、「古昔之美俗」を求めよう。

まだ佐賀城再建を果たしていない時期ではあるが、直正は火災以前の「修己治人（しゅうこちじん）」の精神を忘れず、さらに「古昔之美俗」、かつての美しい佐賀藩に復すのだ、と宣言している。

勤務管理の強化、信賞必罰

前述のように、天保七年六月二八日、直正は人材登用にかんする「御沙汰」を表明していた。また役人の勤務管理・評価についても次々に施策が打ち出された。まず同年一二月一九日、全七カ条の規定が直正によって承認され、年明けから役人たちの勤務状況が厳しく管理された[2]。

天保八年正月には、役人に対する勤務評定の規定が取り決められた。役人たちの態度・能力・功績を評価し、成績優秀者には役米（やくまい）（役職手当）アップや一代限りの昇進を認め、そのなかでもぬきんでた者は、家格にかかわらず重職に登用することとなった。

佐賀藩に限らず武家社会では、原則として家格ごとに就く役職が決まっていた。現代にたとえると、必ず部長になる家、どんなに頑張っても出世できない家があ

（2）本項から次々項まで天保八年「御意請」による。

ることになる。いくら優秀でも、家格以上の役職には就けない。一代限りの昇進とは、功績を挙げた本人は家格以上の役職就任を認めるが、その跡継ぎには認めない（跡継ぎの能力次第）ということである。また勤務評定は、およそ三年に一度行うこととなった。

さらに二五、六歳までの藩士は役職に就かず、弘道館での学問や武芸の稽古に励むよう定められた。そのうえで、適齢に達したら人柄をみて役職に推挙するとした。同年七月には「役人の人選は藩政改革の根本である」と宣言され、藩政を担当する「外向」の役人について、人選は御仕組所で行うことになった。文武に秀でた者、行状が正しい者、才能がある者を見いだすことが求められ、格式にかかわらず優れた人物を選考しようとしたのである。

目付による監視

役人の勤務状況などを監視するため、諸藩にはおおよそ「目付」と呼ばれる役人がいた。佐賀藩の場合、もともと「〇〇方目付」などと称し、各役所（「〇〇方」は役所の名前）ごとに担当する目付が決められていた。かつ目付は、自分が担当する役所に出勤したため、役人との関係が曖昧になり、役所の仕事を手伝うこともあったらしい。これでは厳密な監視は難しいだろう。

そのため天保九年八月、目付の制度が改正された。それまでのように、誰がどの役所を担当しているのかわかるような仕組みは原則廃止し（一部は残された）、抜き打ち調査を行うこととなった。各役所への常駐をやめることで、目付の人数を減らす狙いもあったが、何より目付の監視機能を強化することで、信賞必罰の厳格化を佐賀藩は目指した。

藩士たちの「風俗御引起」

佐賀藩の「教化」政策は、領民だけでなく家臣たちも対象とした。天保八年（三月か）、藩士たちの「風俗御引起」が決定された。大組頭[3]は自分の組の藩士たちについて、「藩の役に立つ覚悟があるか」「組のルールを守り、指導を受け入れているか」を吟味し、請役所へ報告することとなった。また大組頭は、組の者たちに学問や武芸を奨励し、藩の役に立つ人材を多く出すことが求められた。数年後、そうした成果を出せていない大組頭がいた場合には、処分の対象となった。

また他家から養子を取る際、その人選は人柄を重視して念入りに行うよう定められた。人柄より実家の経済力（土産金（みやげがね））を優先し、なかには「格合違（かくあいちがい）」の者を、素性を偽り養子に迎えることもあったという。「格合」とは、藩士の家格のことである。婚姻や養子縁組は同じ家格の家同士で行うべきであり、異なる家格の家を結ぶことは戒められた。筆者がみる限り、中級藩士の「侍」以上、下級藩士の手明鑓（てあきやり）、徒（かち）、足軽という「格」ごとに、縁組することが求められたようだ。さらに「格合」が「不似合」の者との金銭のやりとりや「利欲」の行い、「下輩（げはい）」（領民を指すか）の者との酒食なども、「風俗」を廃れさせる行為として禁じられた。

（3）佐賀藩の軍事編制は、「備」と「組」に分かれていた。「備」は三家・親類・親類同格の家々が、陪臣（藩主からみて、家臣の家臣）により編制した軍。それ以外の藩士は一〇ほどの「組」に分けられ、家老・着座の家々が「大組頭」として統率した。

（4）本項および次項は天保八年「御意請」による。

城下町の美化・治安維持

天保八年三月、佐賀城下の北側を東西に流れる十間堀川（じっけんぼり）をはじめとする、城下一帯の堀川清掃が決定された[4]。清掃の提案者は、堀川では土砂浚（さら）いが行われず、真菰（まこも）や茅（かや）が生い茂っているほか、人びとがゴミを投棄するため、「水流不順」に陥っていると主張し、ゴミを捨てた者には罰を科すよう提案している。さらに十間堀川の浚渫（しゅんせつ）については、藩の経費削減により浚渫作業のための人件費が不足しており、財源確保を求めている。またゴミ捨て場に集められたゴミの運搬費用が問題となり、天保一〇年、城下町を管轄する町方の負担と決定した。ゴミは船積みしやすい場所へ運び、近隣農民へ肥料として引き渡した。

また天保八年には、城下町の治安対策も検討されている。近年は城下町に領外の者などが入り込み、なかには盗みなどの悪事を働く者がいる。パトロールを強化すべきだが、町方などの役人は昼間の勤務があるため、夜間にまで人員を割けない。そのため各組から、半月交代で人員を出すよう提案された。

この提案では、侍一人、下級クラスの手明鑓一人、足軽三人、ほか侍の従者二名、手明鑓の従者一名の合計八人でのパトロールが計画された。城下町の隅々まで見回り、よそ者らしき者がいれば尋問し、実際によそ者であれば町内に入らせない。領民がよそ者を城下町へ案内していた場合、その領民は捕縛する。また城下町内で禁制の品を持ち歩いていたり、法を犯している者があればただちに捕縛すべしとされた。この提案は認可されなかったが、のちに侍三、四人、足軽八人

江戸時代より鶴屋（右）がある八丁馬場（佐賀市西魚町）

ほどに「町小路廻り」を命じ、月に二〇日ほどパトロールすることとなった。

お菓子は地味に！

佐賀は羊羹などさまざまな名産のお菓子があるが、江戸時代から続くものといえば、丸ぼうろである。「北島」「鶴屋」など江戸時代から佐賀城下で菓子商を営んでいる店以外にも、多くの菓子業者の方々が丸ぼうろを製造されている。筆者も職場や家庭でのおやつとして、また帰省などの際のお土産として、丸ぼうろをとても重宝している。ちなみに筆者の息子たちが通っている小学校では、パン食い競争ならぬ「丸ぼうろ食い競争」がある。

天保八年（月日不明）、町方から御仕組所へ、次のような提案が出されている。

近年華美で手の込んだ菓子が多く作られ、無駄な出費のもとになっているだけでなく、人びとの贅沢心をかき立てている。今後は重さ一斤（およそ六〇〇グラム程度）につき正銀六匁（もんめ）（およそ六〇〇〇円ほどか）以下の値段の菓子を販売するように。なお幕府の役人が佐賀を訪れた際など、特別なときは上品の菓子を藩から注文するが、勝手に作ってはならない。

この提案は、御仕組所および直正によって認可されている。現在は佐賀のお菓子屋さんでも華やかな和菓子やケーキなどの洋菓子も販売されているが、素朴な姿の丸ぼうろは、直正の政治方針の象徴なのかもしれない。

町人の子どもたちへの教育

天保九年三月、城下町のうち市中に住む町人の子どもたちに対する教育が、御仕組所の議題となった。[5] 恐らく市中を管轄する町方から出された提案をベースとして、議論がなされたようだ。

この件について、ふたつの問題点が提示された。ひとつは、市中で生まれ育つ子どもたちは手習いや読書の「稽古」をしているけれども、家の仕事を手伝わなければならず、四書（中国の儒学書である「大学」「中庸」「論語」「孟子」）を「素読」するだけ（書かれている内容を考えず、ただ音読するだけ）に留まっている。これでは時間を浪費するだけだと、厳しく批判している。もうひとつの問題点は、子どもたちに教える「師範」たちの能力である。さほど教え方を習得せず、金儲け目的の者もいる。これでは市中の「風俗」にも影響し、「教化」が遅れてしまう。そのため藩が子どもたちへの教育の場を設け、師範の人選も藩が行い、選ばれた人物は藩校弘道館の所属として扱うべきだと提案された。この提案はいったん継続審議となったが、同年閏（うるう）四月に同内容で再提案のうえ承認された。

弘道館における藩士子弟への教育はよく知られているが、町人の子どもたちにも、藩の主導で教育を施そうとしていた。ただ、そこで子どもたちに教えるのは

（5）本項および次項は天保九年「請御意」による。

「筆」「算」および「孝悌・廉恥」のみで、そこから人材を見いだそうという発想ではなく、町人として家業に精勤し、領主の指示に忠実に従うよう求めた。

郷内御改正の開始

天保九年正月、御仕組所は「郷内御改正」について議論し、江戸の直正へ上申している。郷村では「風俗」は「廃頽」しており、今のままでは、すでに取り締まりを始めている市中とバランスが取れない。郷村では「遊惰」の者が若者たちを悪の道に引き込もうとしたり、農業を避けて商売を営む者が現れたりしている。これでは郷村が衰えるだけでなく、市中の取り締まりにも悪影響である。

同年三月に直正のもとへ提出された上申書も、家中・市中・郷村の取り締まりを「御仕組」の要点と位置づけ、うち家中と市中についてはいろいろと取り締まり策がすでに決定されており、次は郷村の取り締まりを検討すべきと主張している。ここまで役人の勤務監視や評価制度、家中の「引起」、市中にかかる諸政策を紹介してきたが、続いて御仕組所は、郷村をターゲットとした。実際に郷村の「風俗」が「廃頽」していたのか、取り締まりが必要なほど弛緩していたのか測るすべは存在しないが、御仕組所はこうした認識のもと、さまざまな政策を立案することになる。

郡方御改正

（6）「郡方御改正一件控」（佐賀大学附属図書館所蔵『小城鍋島文庫』ＯＣ七）。
（7）天保一二年「請御意御聞届諸役相達」。

郡方御改正一件控（佐賀大学附属図書館所蔵）

天保期佐賀藩農村政策のトピックとして、先行研究では「郡方御改正」が取り上げられる。前述したように、佐賀藩の郷村支配は郡代と代官が担っていた。郡代は各郡に配置され、藩の直轄地・家臣の給地を問わず「教化禁令」を担当した。対する代官は、藩の直轄地における年貢収納関係業務をおもな任務とした。しかし天保五年の段階で、直正が代官に対し教化禁令にかかる働きを求めていた。この直正の意向が、のちに具現化することになった。

「郡方御改正」とは、郡代（郡方）の権限を代官に委譲し、直轄地・給地とも代官に教化禁令など郷村支配全般を担当させる改革である。[6] これでは郡代（「三家」「親類」など重臣が就任）の存在は、有名無実となってしまう。さらに、佐賀藩の政治・法制に従うことが前提とはいえ、領地を自分の手で支配していた重臣（「大配分」）たちは、今後自分の領地を代官にゆだねることになる。佐賀藩家中の筆頭格である小城鍋島家は強硬に反対したが、[7] 受け容れられなかった。

代官所の変革

郡方御改正により、佐賀藩は御仕組所の意向のもと代官たちに郷内御仕組を実施させ、藩領全体の郷村支配を御仕組所に一元化することとなった。

時期により増減したが、郡方御改正直前には直轄地に五つの代官所が設置され（市武・川副・上佐嘉・白石・皿山）、代官が常駐していた。しかし管轄区域が「大配分」の領地にまでおよび、郡代の職掌をも担う以上、従来の体制のままで対応することは難しかった。そのため天保九年正月に直正へ出された上申書では、代官のもとに「助役」を二、三人置くよう求め、承認された。また代官同様、助役も「人才」を吟味して選ぶことが求められた。[8]

同年八月には、既設の五つに加え、神埼（かんざき）・与賀（よか）・横辺田（よこべた）の三代官所が増設された。[9]こうして代官所による藩領全域支配が開始されたが、広大な佐賀藩領をカバーするのは難しかったようである。天保一〇年になると、各代官所から人員増の要望が御仕組所に寄せられた。[10]しかし御仕組所はなかなか認めず、認めたとしても、期限を設けて臨時的に配置することが多かった。支出削減をすすめるなかで、代官所に限らずできるだけ役人数を増やしたくなかったようである。しかし度重なる代官たちからの要請に御仕組所はついに折れ、天保一〇年八月二二日、各代官所に一人ずつ、助役の増員が認められた。ただ翌一一年冬に代官所の人員削減があったようで、同一二年になると、再び代官たちから増員願いが出されている。[11]

戸籍調査

江戸時代、全国で「宗門改帳」と呼ばれる帳簿が作成された。表題の通り、本来的にはキリシタン摘発を目的として、住民たちがどの寺を檀那寺としているか書き上げたものである。おおむね世帯単位で檀那寺が把握され、住民の年齢も記録されているため、戸籍の役割も果たしていた。

白石代官所跡（白石町築切）

（8）天保九年「請御意」。
（9）「年譜地取」。
（10）天保一〇年「〔請御意〕」。
（11）天保一二年「請御意御聞届諸役相違」。

佐賀藩においては、「竈帳（かまどちょう）」と名付けられた帳簿が作成された。嘉永七年（一八五四）の佐賀市中各町の「竈帳」が現存し、翻刻・出版されている。[12]「宗門改帳」同様、世帯ごとの檀那寺、住民の年齢が記されているが、面白いのは、住民の職業や土地（市中の住民なら住居、村の住民は住居と田畑など）の面積・石高が詳細に記録されている点である。なお「竈帳」は、明和九年（一七七二）に詳しい作成要領が発布され、ひな形も示されている。[13]

天保九年、「竈帳」を厳密に作成することが決定された。[14] 農村において勝手に商売を営んでいる者の取り締まりが、その理由とされている。そのため住民たちがきちんとした生業に就いているか、調査しようとしたのである。後年になるが、天保一〇年七月、市中にて「煮売」など食べ物を売る者が多く現れたため、以後許可制にすると御仕組所で決定されており、[15] 勝手に商売を営む者が増えていると、御仕組所は認識していた。出生や死亡、婚姻などによる他町村への移動など、各町村の人口把握はもとより、領民の生業を把握し、正しい生活を送っているかを確認するための資料として、「竈帳」は利用されたのである。

法事・祭礼の制限

天保九年閏四月二九日、「寺社御取締」にかんする提案が御仕組所で審議され、その日出席していた直正により、ただちに認可された。[16] 内容は多岐にわたるが、ここでは領民生活に特にかかわるものを紹介したい。

（12）原本は鍋三一六−一〜二八。三好不二雄・三好嘉子編『佐嘉城下町竈帳』（九州大学出版会、平成二年）に翻刻収録。
（13）「治茂公御代御改正御書附」（鍋三二六−四八）。鳥栖市史編纂委員会編『鳥栖市史資料編第三集 佐賀藩法令・佐賀藩地方文書』（鳥栖市役所、昭和四六年）に翻刻収録。
（14）天保九年「請御意」。
（15）天保一〇年「（請御意）」。
（16）天保九年「請御意」。

戦前の小城祇園祭山鉾（『須賀神社御由緒要誌』より）

まず、法事の簡略化である。筆者も最近、亡父の三回忌を済ませたが、家族が実家に集まり、ご馳走を食べながら楽しい時間を過ごした。筆者は車の運転があったため飲まなかったが、酒も出された。おおよそどこの家でも、法事はこのようなものではないだろうか。

当時の佐賀藩の領民たちも、法事の際には酒食を用意し、「遊宴」を行うことが多かったようだ。しかし提案書は、これを不人情で、風俗にも悪影響を与えるものとして非難し、法事はできるだけ簡素に行い、酒は厳禁としている。

また、寺社で催される祭礼（浮立（ふりゅう）や能など）は、長年認められているものに限り今後も許可するが、村々や城下市中の町々で行われている祭礼は、長年の伝統があっても今後は禁止することになった。領民たちの意識を引き締めると同時に、無駄な出費（藩からみて、そう判断されるもの）を抑えさせる狙いだろう。しかし村や町の祭りは、住民にとって年に一度かせいぜい数度の楽しみだったはずである。それを奪われるのは、筆者には気の毒に思える。

天保一四年、小城祇園社（現在の須賀神社）で鎌倉時代から行われてきたとさ

（17）伊藤昭弘編『小城祇園祭―千葉・鍋島から現代へ―』（佐賀大学地域学歴史文化研究センター、平成二七年）。
（18）本項は「年譜地取」による。

郵便はがき

料金受取人払郵便

博多北局
承認

3217

差出有効期間
2021年10月30
日まで
（切手不要）

812-8790

158

福岡市博多区
奈良屋町13番4号

海鳥社営業部 行

通信欄

通信用カード

このはがきを，小社への通信または小社刊行書のご注文にご利用下さい。今後，新刊などのご案内をさせていただきます。ご記入いただいた個人情報は，ご注文をいただいた書籍の発送，お支払いの確認などのご連絡及び小社の新刊案内をお送りするために利用し，その目的以外での利用はいたしません。

新刊案内を［希望する　希望しない］

〒　　　　☎　（　　）

ご住所

フリガナ

ご氏名　　　　（　　歳）

お買い上げの書店名　　　　**青年藩主　鍋島直正**

関心をお持ちの分野

歴史，民俗，文学，教育，思想，旅行，自然，その他（　　　）

ご意見，ご感想

購入申込欄

小社出版物は全国の書店、ネット書店で購入できます。トーハン，日販，大阪屋，または地方・小出版流通センターの取扱書ということで最寄りの書店にご注文下さい。なお、本状にて小社宛にご注文下さると、郵便振替用紙同封の上直送いたします。送料は実費。なお小社ホームページでもご注文できます。http://www.kaichosha-f.co.jp

書名		冊
書名		冊

復元された佐賀城本丸御殿（佐賀県立佐賀城本丸歴史館）

れる祇園祭が禁止された[17]。この頃佐賀藩では「御再興御仕組」と称して困窮農村の立て直し政策をすすめており、そのようななか祭りを開催することは好ましくないと判断された。祇園祭の挽山（ひきやま）には多くの見物客が集まり、深夜まで大騒ぎだったという。そうしたことも禁止の要因だろう。その後祇園祭は、明治期まで再開されなかった。

ふたつの慶事

これまで紹介してきた政策と順序が前後するが、天保九年二月一四日、参勤交代で江戸に滞在していた直正は、老中に呼び出され江戸城へ登城した。そして、老中水野忠邦より次のような通達を受け取った[18]。

直正が藩主に就いて以来まつりごとが行き届き、領地をよく治めている。また長崎警備について特に用心している旨も上様がお聞きになり、立派なことだとお褒めになっている。その褒美として鞍と鐙（あぶみ）を下された。

直正の政治や長崎警備への取り組みが評価され、将軍から褒美を得たのである。翌日には目付の嬉野与右衛門が佐賀に向けて出発したが、この慶事を知らせるとともに、藩政改革はまだ緒についたばかりであり、今後さらに政治・軍事に励むよう、国元の藩士を引き締める役割を負っていた。とはいっても、やはり慶事には違いなく、同二一日には隠居の斉直らが出席し、祝宴が催された。

同年三月一五日、直正は江戸を発し、四月二二日佐賀に到着した。早速直正は、長崎に不審な外国船が来航した場合に備え、長崎から佐賀への連絡、佐賀からの即時動員など、緊急事態に即応できるような体制整備をすすめるなど、政務に励んでいる。御仕組所では、藩政改革に緩みがみえつつあると重役たちに警告し、さらなる精勤を求めた。

同年六月四日、いよいよ直正は再建なった佐賀城本丸御殿へ移った。およそ三年前に二ノ丸を失って以来の大願が、ようやく成就したのである。再建を担った普請方の役人たちは本丸の式台で直正の「御目に渡され」（直正の視界に入る、という意か）、ほかの役人たちとともに、直正より御酒（ごしゅ）を拝領した。将軍からの褒賞と本丸再建成就。天保九年はこうした慶事が続き、直正や藩士たち、領民たちも、今後の藩政に明るい兆しを見いだしていたのではないだろうか。

突然の試練
——江戸城西の丸火災と佐賀藩

江戸城西の丸火災

天保九年（一八三八）三月一〇日朝、「大御所」と呼ばれていた前将軍徳川家斉（いえなり）らが居住する江戸城西の丸において、火災が発生した。(1) この日家斉は「吹上」で行われる「御小納戸御吟味」を「透見」する予定だったため、西の丸はその準備に慌ただしかったようだ。そうしたなか、西の丸の「下部屋」より出火した。火はまたたく間に燃え広がったようで、家斉の隠居生活のために修復された西の丸は、灰燼（かいじん）に帰してしまった。

幕府はただちに西の丸再建に着手するが、問題は莫大な費用であった。三月一六日、紀伊藩（約金八万三〇〇〇両）、尾張藩（同九万七〇〇〇両）、加賀藩（同一五万三〇〇〇両）などに御用金が課された。また薩摩藩は一〇万両、熊本藩は八万五〇〇〇両を、すすんで上納している。こうして諸大名に大きな負担が課せられたが、佐賀藩はその対象外であり、佐賀藩自身も御用金賦課の可能性があるとは考えていなかったようだ。

そもそも佐賀藩と福岡藩は、長崎警備を隔年交代で担当したため、原則として

（1）本項は『内閣文庫所蔵史籍叢刊第三四巻　天保雑記（三）』（汲古書院、昭和五八年）による。

ほかの御用を幕府から命じられることはなかった。ところが翌天保一〇年八月三日、佐賀藩・福岡藩を含む諸藩に対し、御用金が命じられた。佐賀藩・福岡藩に対しては、近年諸藩に対したびたび御用を課していること、西の丸再建には莫大な費用がかかることを理由に、今回に限り御用金を命じる（ただし、長崎警備があるので金額は少なくする）と通知された。当初佐賀藩に課された御用金額は、四万六六四一四両だった。佐賀藩にとって、突然降りかかった災難である。

御用金をどうするか

史料をみる限り、御用金賦課は佐賀藩にとって寝耳に水だったようだ。まず佐賀藩は、御用金高を半分に減らし、かつ三年ローンにすることを幕府に願い出るか検討した[2]。凶作や財政難では理由として認められない（どの藩も同じような状況のためか）ため、長崎警備の大変さをアピールする案が浮上した。しかし「御用金高の半減」と「三年ローン」と、ふたつの要求を幕府に提出することになるため、後者はあきらめ前者だけ願い出ることにした。

だが長崎警備は佐賀藩と福岡藩だけが担当していることであり、ほかに比較材料がない。具体的に「これだけカネがかかっている」と幕府に示せば、逆に「これだけしかかけていないのか」と詰問される恐れもある。そのため具体的な数字は示さずに、費用負担が大きいことを訴える方針となった。また三年ローンについても、幕府の反応次第では願い出ることを想定していた。

（2）天保一〇年「〔請御意〕」。

佐賀藩の願いは、幕府に認められたのだろうか。天保一〇年一二月一八日に出された幕府の回答書をみると[3]、佐賀藩は御用金額の半減と、一〇年ローンを求めていた。佐賀藩は当初の目論見より、欲張った要求を出したことになる。幕府はこれを認めなかったが、長崎警備への影響を考慮して、金二万両を佐賀藩に貸し付けるとした。財政帳簿「大目安」をみると、天保一一年度に銀一六五三貫余を上納している。金に換算すると、御用金額四万六四一四両から二万両を差し引いた額と、おおよそ一致する。二万両の返済方法は改めて検討することとされており、とりあえず佐賀藩は、御用金の減額に成功した。

御用金の財源

減額してもらったとはいえ、かなりの大金である。これを佐賀藩は、どうやって調達したのか。御用金賦課が知らされた直後、佐賀藩は知行高に応じて、家臣・寺社にも負担させることを決定した[4]。「大目安」によると、天保一〇年度から一二年度までの三年で、およそ銀九六〇貫余を家臣たちが上納している。知行を拝領している以上、当然の負担にも思えるが、家臣たちは恒常的に「献米」と称して知行高の一～四割程度の米を上納させられており、この時期も毎年三万七〇〇〇石ほどを納めていた。年によって変動はあるが、佐賀藩「外向」の米収入は毎年おおよそ一五万石前後であり、その四分の一ほどは家臣の負担に頼っていた。家臣たちは献米に加え、御用金のための上納が課せられたのである。

(3)「年譜地取」。

(4) 本項は天保一〇年「〔請御意〕」による。

また、この時期佐賀藩には、財政を好転させるふたつの要因が生じていた。まずひとつは、天保飢饉によって特に東日本を中心に凶作となり、米価が高騰したことである。天保一〇年二月一日に直正へ提出された提案書には、「近年諸国は凶作に見舞われているが、我が藩にとっては米価の高騰が『天幸』となっており、うまく財政運営ができた。ぜひ米価高騰による利益を貯えておき、今のうちに借金の整理をすすめるべきである（借金整理については後述）」と記されている。

「大目安」に記載されている米販売高とその代金から米価を算出すると、天保四年度から上昇傾向にある。天保三年までの一〇年と同四年以降の一〇年の平均米価を計算してみると、前者は一石あたり銀六三匁、後者は銀九九匁と、一・五倍ほど高くなっている。総じて、直正が藩主に就く以前の米価は低迷傾向にあり、就任後は逆になっていた。たとえば、文政九年度と天保九年度の米収入はどちらも八万八〇〇〇石ほどだが、売却代金は銀五〇〇〇貫、九八〇〇貫と、ほぼ二倍の差がついている。天保飢饉は東日本を中心に多数の餓死者を出した大災害だが、佐賀藩など西日本の藩のなかには、プラスになった場合もあったのである。

両親の死と藩財政

天保八年六月二六日、直正の母幸（浄諦院）が江戸で死去した。さらに同一〇年一月二八日、父斉直がやはり江戸で亡くなった。一年半ほどのあいだに相次いで両親を喪い、直正にとって大きなショックだっただろう。

しかし、このような書き方は不謹慎かもしれないが、彼らの死は藩財政にとって大きなプラスとなった。「大目安」をみると、斉直の隠居料は天保元年に米六五〇〇石とされたが、江戸に滞在した年は、二五〇〇石と銀五〇～一〇〇貫ほどが加えられた。「大目安」には、斉直の隠居料は天保九年度（彼が死去した天保一〇年一月を含む）まで、江戸滞在費用は同三年度から八年度まで計上された。銀の分を米に換算すると、おおよそ毎年米一万石程度、彼の隠居生活に必要とされたことになる。また浄諦院は、娘の充姫（みつひめ）・息子の快之丞（かいのじょう）とまとめて計上されている。毎年おおよそ銀二二〇貫程度で、米だと三〇〇〇石ほどだろうか。

筆者の計算だと、借金の返済などを除いた藩財政支出のおよそ一割弱が、ふたりの費用に充てられていたことになる。藩主の死後、その妻が存命なのはよくあることだが、藩主が隠居したのは、佐賀藩では六代藩主宗教（むねのり）以来である。宗教の隠居料は八〇〇〇石で、江戸滞在時の斉直より少ない。しかし物価の動向などを考えれば、とりたてて斉直の隠居料が多かったとはいえない（宗教の先例から逸脱しない規模）。筆者は他藩の事情には詳しくないが、佐賀藩にとって藩主の隠居は、財政的に大きな負担となっていた。

斉直の死からおよそ半年後、幕府から佐賀藩へ御用金が課せられた。前述のように長崎警備を担う佐賀藩にとっては異例のことであり、何とか上納額を減らそうとした。ただし、米価高騰と隠居料の消滅によって、財政面ではゆとりが生まれており、家臣たちに負担させた分をあわせ、十分対応できた。

（5）本項は天保一〇年「〔請御意〕」による。

財政好転がゆえに

佐賀藩に御用金が命じられる前のことだが、前述した天保一〇年二月一日提出の提案書[5]には、次のように記されている。

米価の高騰により財政が好転したが、それを聞きつけた、かつてつきあいがあった銀主たち（佐賀藩が返済を滞らせたことにより、断絶状態にあった）が、続々と返済を求めるようになった。特に文化一一年の空米切手事件の際に返済を約束していた分は、幕府の法（空米切手禁止令）に反した行為だったため、返済要求を無視できない。そのため米価高騰によって得た利益を借金返済用の資金として備えておき、そのうえで銀主たちと利払い停止・返済期間延長・返済停止など交渉するべきだ。

米価高騰による財政好転が銀主たちに知られ、これまで佐賀藩からの返済をあきらめていた銀主たちも、今ならば、とばかりに押し寄せてきたという。そもそも、佐賀藩は財政難を理由に返済を断っていた以上、その前提がくずれたとなれば、銀主たちには絶好のチャンスと映ったであろう。

「大目安」をみると、天保九年度（この提案書が出された時期を含む）の借入額銀一万二〇〇〇貫余に対し、返済額は銀二万貫余となっている。約八〇〇〇貫ほどの返済超過（借金は減る）で、米価高騰による利益などだけではまかなえず、約五〇〇〇貫ほどの赤字となっている。その補塡は、前年度からの繰越金でまかなわれた。翌一〇年度は借入・返済とも銀一万五〇〇〇貫ほどで拮抗していたが、一一～一四年度はいずれも返済の方が一～三〇〇〇貫ほど多かった。また、一一年度以降借入・返済額とも漸減させており、一四年度の借入は五四〇〇貫、返済は六九〇〇貫まで減少した。さきの提案書に書かれていた通り、銀主に利払い停止や長期ローンなどを認めさせて返済を減らし、それにあわせて借入も減少させたのだろう。そう考えると、天保九年度の大幅な返済超過は、銀主の機嫌をとるための方策だったのではなかろうか。

なお天保一〇年九月一九日に直正へ提出された提案書には、借金の整理について「この節柄の訳を以て」三年間の支払い停止などを銀主へ求めるべき、と記されている。「この節柄」とは御用金を賦課されたことを指しており、「御用金があるから大変だ」という言い訳をして、銀主たちと交渉しようとしていた。御用金は当時の佐賀藩にとって、(突然ではあったが)何とか処理できる問題だったが、対外的には(家臣や領民向けにも、かもしれない)御用金で苦しんでいることをアピールし、銀主との交渉を有利に運ぼうとしたのである。

繰越金の謎

天保九年度の借金返済のところで、繰越金に言及した。佐賀藩の財政は苦しかったのに、なぜそんな繰越金があるのか、不思議に思われた読者も多いだろう。

実は「大目安」を分析すると、毎年度繰越金を計上し、文化一三年（一八一六）度には、銀四万五〇〇〇貫ほどに達していた。ただし全額が、黒字の蓄積というわけではない。繰越金が「大目安」に計上されるのは宝暦一〇年（一七六〇）度からだが、この年佐賀藩は、銀一万九〇〇〇貫ほどを借り入れた一方、返済には七〇〇〇貫ほどしか充てていなかった。では、残り一万二〇〇〇貫ほどはどうしたのか。実のところ佐賀藩はそれに手をつけず、結局一万貫近くを、翌年度に繰り越したのである。このときの繰越は、過剰な借入によるものであり、筆者のような凡人の発想からすると、繰り越さずに返済に充てればいいだろう、と考えてしまう。しかし佐賀藩はそうせずに、手元に残したのである。

本書では、ここまで幾度も佐賀藩の財政難――空米切手事件、米筈（こめはず）問題など――に言及してきた。しかしそのような状況下でも、「大目安」には繰越金が計上され続けた。繰越金が激減するのは、天保六年度である。激減したといっても何かに遣ったのではなく、「引分方（ひきわけかた）」という役所に、管理を移したのである。引分方は、家臣や領民らへの貸付など、佐賀藩の資産を管理する役所だった。そこに多額の繰越金が移されたのは、いったい何を意味するのか。筆者は繰越金を「秘密資産」化したのではないかと推測しているが、実証的にはまったく不充分であり、今後新史料の発見が待たれる。

また、佐賀藩に限らず諸藩にとって、「財政難」とは具体的にどのような状況を意味したのか、考えなければならない。今までの藩研究では、あたかも藩が倒れかねない危機的状況であるかのように解釈してきた。しかし実際には、「繰越金・秘密資産に手をつけなければならない状況」を、諸藩は財政難と考えていたのかもしれない。また研究者にとっても、財政難＝藩の危機である方が、自身のストーリーに都合がいいこともあった。佐賀藩「大目安」の繰越金の存在は、藩の「財政難」とは何か、再考するうえでのヒントになるだろう。

家臣の自助を求める

佐賀藩には、「切地（きりち）」という制度があった。家臣が藩への献米上納や、藩・商人などからの借金の返済を滞らせたとき、藩が家臣の知行や扶持米を差し押さえ、強制的に回収する（商人へ返済する）仕組みである。知行を拝領している家臣の場合は土地が差し押さえられ、「支配役」という部局がこれを管理した。

家臣の収入を差し押さえるのだから、家臣にとって非常に厳しいシステムである。しかし実際には厳格な運用はされず、家臣たちのなかには、「切地を願い出ておけば家計が苦しいとみなされ、献米や借金返済の取り立てが緩くなる」と考えていた者たちもいたようだ。そのため天保一〇年九月、「切地」は廃止されることとなった。[6]「切地」は家臣たちの家計立て直しを却って遅らせる一因となっており、以後献米など藩への上納は厳格に取り立てる。商人たちからの借金返済に藩はかかわらず、借りている家臣と商人の当事者同士で解決させる。また家臣たちのなかには自身の知行地から年貢米を得ると、まず自分の生活費に充てる分

（6）本項から次々項まで天保一〇年「〔請御意〕」による。

を確保し、藩への献米などを後回しにしている。それは順番が逆である。

このように、佐賀藩は家臣たちへ自力での生活再建と、円滑な諸上納の遂行を求めた。本来の目的からは外れていたようだが、「切地」は家臣にとって一種のセーフティーネットになっていたようである。藩がそれを否定するのは理屈としては正しいのかもしれないが、毎年恒例となった献米に加え、家臣は幕府への御用金も負担しなければならなかった。筆者には、とても厳しい施策に思える。

これまでの直正の政策とあわせれば、倹約に励めば問題なし、ということとなのだろう。しかし見方を変えると、藩に献米を出させるための倹約奨励にみえてしまう。おそらく財政運営の担当者にとって、献米確保は大きな課題だっただろうから、直正の厳格な政治方針を、彼らがうまく利用したといえようか。

しかし「切地」「支配役」の廃止により、佐賀藩領内では金融不安が起こったようである。天保一一年一二月、「側」から「外向」へ出された通達[7]によれば、廃止後カネの流れが塞がり、領民たちが苦労しているという。そのため小身の家臣に対しては、年六％の利息で「側」より生活費を貸し付け、その返済方法として以前の「切地」が復活している。また安政三年（一八五六）の白石（しろいし）鍋島家財政再建計画[8]をみると、支出に「側」への返済が計上されており、「側」から家臣への貸付は、大身・小身の別なく家臣全体に対象が広がったようだ。家臣の自助による生活再建を求める試みは、失敗に終わった。藩への献米が常態化している以上、当然の結果だろう。

（７）「年譜地取」。

（８）「永代日記」（個人所蔵『野中烏犀圓文庫』、『薬種商野中家（ウサイエン）からみる江戸時代の佐賀』、佐賀大学地域学歴史文化研究センター、平成二九年に翻刻収録）。

白石鍋島家の財政再建に関わった野中烏犀圓（佐賀市材木町）

犯罪者の更生

ここまで御用金をめぐる佐賀藩の動向をみてきたが、こうしたなかでも、家臣・領民に対する「教化」政策が次々に打ち出された。江戸時代、罪を犯した者に対する刑事罰としては、一般的には罰金・追放・死罪の三種類があった（ほかにも「呵り」などがある）。佐賀藩でも、元来これらの刑罰が用いられていたが、徒罪方が設置されると、牢に入れたうえで労役（川底の土砂浚いなど）を課すようになった。徒罪方は城下町の罪人が中心だったようで、ほかの地域では、管轄の代官所に牢が設置されたり、「棒杭」に縛りつけて拘禁した。ただ追放刑や死罪も、引き続き存在した。追放刑は住んでいた町村からの追放、その町村が属する郡からの追放、近隣郡も含めた地域からの追放などがあった。追放刑に処された者は該当地域から出ていき、どこかで暮らすことになる。

天保一〇年、懲役刑・追放刑とした者をどう更生させるか、御仕組所の議題となった。まず三月、川副代官の洪六郎兵衛は、次のように提案した。代官所では「不行跡」の者を所内にて拘禁しているが、それは懲らしめのためで、「教化」にまでは至っていない。拘禁された者のなかには、働く必要がないため却って楽だと考えている者もいる。そのため彼らに労役を課し、その対価として米を与えるべきである。彼らには得意な仕事をさせるか、ない場合には縄を結わせる。そうすれば、働かなければ食べるものがないため仕事に励み、そのうち怠け者も労働に慣れ、「不所業」を改め「良民」になるだろう。

同年六月には、城下の市中を管轄する町方より、次のような提案が出された。城下からの追放に処された者が、新しい居住先が見つからず、城下に留まったままの場合がある。こうしたとき、今後はその者を牢に入れ、労働に従事させるべきだ。そうすれば、居住先も定まるだろう。

ふたつの提案はいずれも御仕組所で認められ、実施されることとなった。罪人への対応が懲罰から更生に変化し、「教化」政策に組み込まれたのである。

武家屋敷の白壁と門（佐賀市中の小路）

子どものいたずらを取り締まる

天保一〇年四月一三日、御仕組所では城下での子どものいたずらについて、真剣に議論された。「諸小路」（武士の居住地）の塀の瓦を壊したり、壁や柱に傷をつけたり落書きしたりする者がおり、以前から注意してきたが、最近は特にひどい。なかには「御城内」（堀の内側）にまで入り込んで落書きしたり、木々を荒らしたりしている。「諸小路」では、家々の表札を打ち割る者まで現れる始末である。これらは子どもの仕業と見受けられ、親たちが厳しく諭さなければならない。今後、同じようなことをする者がいた場合は、その場に居合わせた者が取り押さえるように。また、「御城内」の入口を警固する番所の塀などに、いたずらする者もいる。これは番所を守る番人の不行届でもあるため、今後は番人も処分する。

現在でも、もと佐賀城下の武家町で、長屋門と白塗りの塀が残っているところ

佐賀城西堀の土居

がある。白壁は、いたずら好きの子どもたちには格好の標的だったのだろう。また佐賀城西側の堀の内側沿いには、土を盛った土居が現存し、クスノキなどの樹木が生い茂っている。こうした木々に登ったり、枝を折ったりしたのだろうか。佐賀藩の中枢である御仕組所で議論すべきことでもないように思えるが、特に「御城内」での件は城の警備問題につながるし（だからこそ、番人を処分することになった）、いたずらとはいえ落書きや器物破損は、治安の悪化にもつながりかねないと考えたのだろうか。もしくはいたずら自体、子どもやその親に対する「教化」が行き届いていない証拠だと考えたのかもしれない。

弘道館の予算増額と「御撰挙の基本」

天保一〇年、藩校弘道館が拡張され、毎年の予算も増額されたことはよく知られている。さらに同一二年一〇月二一日には、指南役を一人増員した（以前削減された人員をもとに復した）(9)。こうした弘道館へのテコ入れは、同年六月一三日に決定された弘道館の基本方針に基づく。

現在役人の人選について定まった基準がない。弘道館を増築しているが、文武の心がけが良くない者を役人に選んでしまっては藩政改革の目的を達成できない。今後は弘道館を「御撰挙の基本」とし、役人や藩の御用にかかわる人事・人選は、文武の志が厚い人物を選ぶように。

（9）本項および次項は天保一二年「請御意御聞届諸役相達」による。

これまでも、直正が人材登用を重視したことはたびたび触れてきた。ここでは弘道館をその「基本」として明確に位置づけ、弘道館での成績などに基づき、人事がすすめられることになった。

市武代官中島和兵衛の提案

天保一二年七月、請役所のもとにある書上方に属していた中島和兵衛は、市武代官（現在のみやき町や鳥栖市西部あたりを管轄）に任命された。書上方の詳細は不明だが、政策立案よりも文書・記録管理にかかわる部局だろうか。

彼は代官という職を得て奮起したのか、管轄地域の支配にかんする提案書を御仕組所へたびたび提出した。まず、八月九日に御仕組所で承認された提案において、彼は次のように主張した。市武代官所の管轄地域は久留米藩領と接するほか、家臣の知行地が複雑に配置されているため「人気風俗」が悪く、これまでのやり方を変える必要がある。お金をめぐる紛争など小さいことは現地の代官所で裁くようにしたいが、家臣の知行地に住む住民の場合、その主人（知行主）が介入してくることがあり、こうした場合は請役所や御仕組所へ問い合わせるようにしたい。

八月一九日にも、中島の別の提案が御仕組所で審議されている。このなかで中島は自身の任務を「懸り内民俗引直」（管轄地域の民心改善）と心得ており、そのために村々を回って庄屋などへ教諭を加えているが、管轄地域が広いためはか

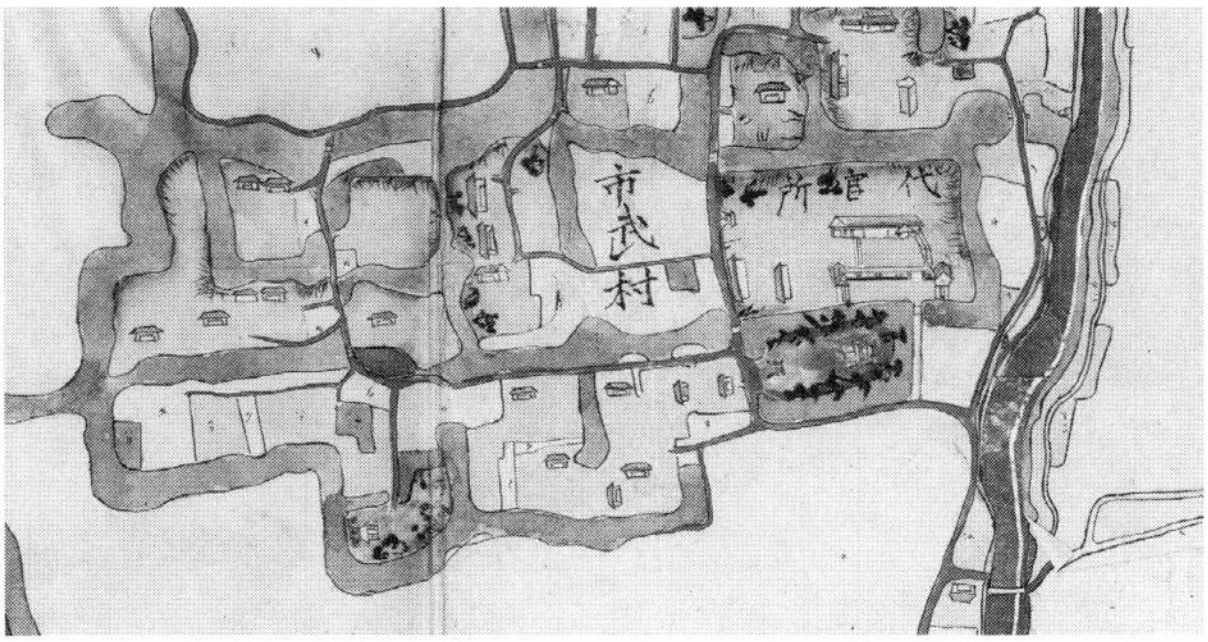

市武村と市武代官所（佐賀県立図書館所蔵「下村郷図」）

どらない。そのため久留米藩・対馬藩田代領（鳥栖市東部から基山町）との境界にある番所の役人や、村に居住する藩士や陪臣（藩士の家臣）、住民のうち「請方宜しきもの」（好人物、くらいに解釈しておきたい）を選び出し、代官所による領民「教化」を手伝わせてはどうかと提起している。

さらに九月には、次のように提案している。軽微な犯罪を犯した者や酒を飲み過ぎる者、働かない者などを「棒杭」に縛りつけ、手鎖をかけるなどして拘禁した。一方、カネにかかわる罪を犯した者は追放刑に処していたが、それでは住民の数が減り耕作を放棄する田畑が生じてしまう。そのため本来追放刑にあたる者も代官所での禁固刑としたい。

彼の提案内容をもとに市武代官所の管轄地域に住む人びとの姿を想像すると、ろくなものではない。しかし、ここまでたびたび述べてきたように、「教化」政策にかかわる史料のなかで描かれた領民像を、そのまま事実とみていいものか。「教化」政策の実施を前提にしている以上、「教化」される側はそれにふさわしい（「教化」が必要なレベル）存在でなければならない。

御仕組所の日々と藩政改革

御仕組所の出勤記録

天保一〇年（一八三九）「請御意（ぎょいうけ）」の末尾には、同年正月五日から四月二一日までの「日記」が付されている。「日記」は、その日に誰が御仕組所に出勤したか、もしくは外へ出張したかなど記されており、御仕組所関係者の出勤記録である。この記録とほかの史料をあわせて検討し、直正（なおまさ）が構想する藩政改革を具現化するための組織である、御仕組所の様子を紹介したい。

新年の初出勤は、正月五日だった。年寄である鍋島市佑（いちすけ）（夏雲（かうん））の家日記[1]によると、新年初仕事の日、市佑は午後二時頃に城を退出している。出勤日の多くはだいたいそのくらいの時間で退出しているが、正月一〇日は夜の一一時頃まで城に詰めていた。このとき御仕組所では、前年に幕府領厳木（きゅうらぎ）（唐津市）で起こった百姓一揆への対応を検討しており、井上孫之允が小城（おぎ）郡小侍村に派遣され、情報収集を行っていた。「内密手控」によると、寒いなか深夜まで議論を重ねる御仕組所の面々に直正は感じ入り、彼らに酒を振る舞ったという。

（1）天保一〇年「日記」（鍋〇二三一-一九二）

小侍番所跡（佐賀県多久市）

御仕組所と直正

直正は、正月は一七日に一度だけ、御仕組所に赴いている。同月一四日より小侍村に出張していた田中半右衛門が同日佐賀に戻っており、直正は彼の報告を聞いたのかもしれない。二月も七日に一度御仕組所に出向いているが、その後「日記」に記録されている最後の日である四月二一日まで、直正が御仕組所に足を運ぶことは一度もなかった。二月一一日、江戸の斉直が危篤との報が、同一三日には死去の報が御仕組所に届いており、直正は喪に服したのだろう。

「日記」をみる限り、（喪に服したことを勘案しても）直正が御仕組所に来ることは少なく、各役所からの報告・提案を御仕組所で審議し、その内容を直正へ上申、回答を得るという流れだった。「日記」には上申した日、直正の回答が下された日が記録されており、「請御意」により上申・回答の内容がわかる。

二月一日上申（藩財政関係三件）→二日回答（上申通り）
四月三日上申（借金関係一件）→同日回答（上申通り）
四月五日上申（寺社奉行・同付役役米一件）→六日回答（上申通り）

これ以降の上申・回答状況を「請御意」から挙げると、五月はなし、六月・一回（一件）、七月・一回（二件）、八月・三回（七件）、九月・二回（二件）となっている。直正は九月二三日に江戸へ向けて佐賀を発しており、その後上申・

回答の記録はない。

ただし、天保八年一一月一日から翌九年三月一五日まで在府した際には、一〇月（直正が佐賀出発後）に一回（三件）、一一月もしくは一二月に一回（三件）、正月・一回（二件）、二月・一回（六件）、三月・一回（二件）、直正のもとへ御仕組所からの上申が届けられ、直正から佐賀へ回答が送られている。一方天保一二年は、九月二二日に江戸に向けて佐賀を発つが、以降御仕組所からの上申はなかった。

「御聞届」の登場

天保一〇年と同一二年の「請御意」は、それ以前のものと大きく異なっている。藩主への上申内容とそれに対する「御意」を記した「請御意」のほか、「御聞届」と名付けられた記録が収録されるようになった。「御聞届」とは、各役所から御仕組所へ出された意見・提案を、当役が「御聞届」になった、という意である。各役所からの意見・提案が記され、それを当役がいつ「御聞届」になったか、および当役の見解（実質的に、御仕組所の結論）が示されている。

直正が佐賀にいる際には、「請御意」「御聞届」両方に同じ議題が載っていることがある。たとえば天保一二年閏正月二九日、御什物方書写役という役人の手当にかんする議題が両方に載っている。「請御意」は「二石にしましょうか」と尋ねる文面だが、「御聞届」は「二石に決まった」と断定している。このように両方に載っている議題は、「請御意」は問い合わせ、「御聞届」は決定通知のかたちである。ただし、両方に載っている議題はわずかである。一方、「御聞届」にのみ載っている議題は問い合わせの形式で、当役がそれに答えている。

　収録された議題の数は「御聞届」の方が圧倒的に多く、直正が佐賀にいない時期のものもある。御仕組所で検討する議題には、直正まで上申されるものと、御仕組所で最終決定を下すものがあったと考えられる。特に直正在府時、天保九年までのように江戸まで上申を届けた形跡は、天保一〇年・同一一年の「請御意」および「御聞届」には見受けられない。(2)

天保一三年人事

天保一三年五月四日、当役鍋島安房（あわ）ほか、御仕組所の一員だった井内伝右衛門・井上孫之允・成松（なりまつ）万兵衛・中村彦之允が役を解かれた。(3) しかし安房・井内は即時に再任され、成松は御蔵方頭人（とうにん）、中村は御蔵方立会役へ転任が命じられた。先行研究では、この人事を「刷新」と評価することが多い。

　このときの経緯を、「内密手控」は詳しく記している。当日直正は、御仕組所の面々を招集し、次のように語った。藩主になってすでに一三年が経過するが、「御仕組」は思い通り行き届いていない。自らの不徳もあるが、諸役どもの怠慢が原因である。そのため当役ほかは「休息」すべきである。ただ、当役については安房以外に適任者がいない。井内についても同様である。年寄の鍋島市佑は請役所

（2）「請御意」は、管見の限り天保一三年～文久元年（一八六一）の分は伝存していない。

（3）「年譜地取」。

に出勤し、当役と諸事相談するように。側目付の永山十兵衛も請役所に出勤すべし。同じく側目付（御仕組所にも参画）の丹羽久左衛門は御蔵方にも出勤し、頭人（御蔵方のトップ）と諸事相談しろ。

その後、鍋島安房は次のように直正へ尋ねた。「前件の御取計」（詳細は不明）以来、役人たちが諸事に踏み込まないようになった。今回の人事により、役人たちの「人気」は落ち着くでしょうか。この問いに対する直正の回答は解釈が難しいが、筆者は次のように理解した。御仕組所を盤石の体制とし、藩政の土台を整えれば、役人たちは自らの仕事に没頭するだろう。

直正は、「御仕組」が停滞していると感じ、その原因を藩政機構全体の弛緩と捉えていた。そのため（すぐ再任したにしろ）安房の罷免など厳しい姿勢を示すことで、役人たちの意識を引き締めようとしたようだ。

「側」と「外向」の統一、実務役人の登用

「内密手控」によれば、翌五日から直正は、毎日午前八時頃から佐賀城本丸の小書院に出向き、正午頃まで重臣らと語らうことにした。また月日は不明だが、この年直正は、御仕組所において初代藩主勝茂以来の「側」と「外向」の二元体制について「『内老』（「側」の年寄）を置くことにより『大臣』（「外向」の当役）の威勢を抑え、財政も分けることにより『外庫』（「外向」財政、すなわち一般的には藩財政と呼ばれる財政）が苦しくても『内庫』（「側」の財政）の資金は尽き

ないような仕組みを作った。これは極めて『良法』だが、後年になると『側』と『外向』の対立を生み、年寄は藩主の顔色ばかりうかがい、当役は尊大になり役人たちを自身の家来のように扱い、かつ領民たちの様子を知らない。勝茂の頃のような藩政を行うべきだ」と語った。

このときの人事において、「側」の役人たちが御仕組所のみならず請役所や蔵方など、「外向」の主要役所に深く関わるようになったことは、先行研究で指摘されている。前述の通り、「側」の重役である鍋島市佑・永山・丹羽の三人は、請役所や御蔵方への出勤が命じられていた。もともと御仕組所は、「側」と「外向」が意思統一しての藩政改革をすすめるための組織だったが、設置から一〇年近く経ち、慣れや緩みが生じていると直正は考えたのだろう。

これも先行研究で明らかにされていることだが、このときの人事の特徴をもう一点挙げておきたい。側目付の丹羽久左衛門のほか、請役所付役に就いた原五郎左衛門、請役相談役に就いた池田半九郎は、いずれも代官として領民支配の現場で奮闘した人物たちである。天保六年の人事では学者が多く登用されたと述べたが、ここではこうした実務役人たちが、藩政の中枢に引き上げられた。

悩める直正

ほかにも直正は、御仕組所で「大経済」について議論した。[4]「大経済」とは領内の人口を把握し、必要な食料や諸品の量を計算することなどを指し、熊本藩が詳

（4）本項および次項は「内密手控」による。

しく実施しているという。

また重臣たちより、「まず御みずから御決定なしたまわずしては相成らず」、「御みずから御一身にても御担当なしたまわずしては叶いたまわず」との意見が出された。直正は、その場では「よく考えてみる」と答えたが、数日後重臣たちに対し、「前件の末御思惟なしたまひしかども、考え当たらせたもうこともなし」と話したと、鍋島市佑は回想している。市佑の視点による文章なので敬語が使われているが、直正の言葉として筆者なりに書き直してみると、「先日の意見をうけていろいろ考えてみたが、いい思いつきはなかった」ということだろう。続けて直正は、勝茂の頃の政治に立ち戻り、家中が団結して改革をすすめるべきだと、改めて抽象論を語った。またある者が、下からの意見にたいし、寛容であるよう願っている。直正はこれを受け容れ、自分は皆と議論する能力を持たないが、性格（議論を好む、口を挟みたくなるとのことか）ゆえに議論をしてしまうことがあるけれども、少しも遠慮せず意見してほしいと答えた。

こうしてみると、直正は「御仕組」の停滞を危惧して人事に手をつけたが、具体的に何が遅れているのか、何をすべきなのかは、実のところ彼自身よくわかっていなかったのではないか。ここまでの「御仕組」の成果は、筆者もよくわからない。「御仕組」の重点が朱子学的思考に基づく「教化」や「修己治人（しゅうこちじん）」、「古昔之美俗」回帰だった以上、その成否を測る物差しが存在しない。結局その判断は、当事者である直正の認識次第だが、彼自身、思い悩んでいたように筆者には思える。一七歳で藩主の座に就き、佐賀城二ノ丸焼失や江戸城西の丸御用金などのピンチをクリアしてきた。しかし「教化」政策を推進しても、たとえば天保一二年佐賀藩は凶作に見舞われ、困窮領民への対策が執られている。理想の追求と現実への対応、このふたつを同時にすすめる妙案は、なかなか思いつかなかっただろう。

鍋島土佐との議論

天保一四年正月二九日、直正は「三家」小城鍋島家の鍋島加賀守ら重臣たちを招集し、「御国家御興隆御仕組」を宣言した。直正が述べた内容は、先の天保一三年人事のときとほぼ同じで、藩主就任以来「御仕組」をすすめてきたが、まだ自身の思い通りには行かず、改めて「御神祖様の御場」（藩祖直茂、初代藩主勝茂か）に立ち返り、「御仕組」に取り組むよう促した。

この会合のあと、「親類」白石（しろいし）鍋島家の鍋島山城（やましろ）（山城の妻は直正の叔母）は、「大監察」（大目付か）に対し「なぜ殿様の思い通りにすすんでいないのか」と尋ね、議論になったという。さらにその一両日後、山城の子である土佐（直正の従兄弟）が出仕し、「衣食住の吟味書」を持参した。その際土佐は、「衣食住のことはこれまでずっと政策が打ち出されているのに、今回改めて検討するのは、これまでの政策に不備があったのか」と御仕組所の重役たちに問いただした。これに対し重役らは、「不備があったわけではない。いっそう良くしようと殿様はお考

白石家鍋島家初代鍋島直弘らを祀る白石神社（佐賀県みやき町）

えなのだ」と答えたところ、さらに土佐は「そもそも今回の『御仕組』は何を基本としているのか」と述べ、重臣たちは押し黙ってしまった。

すると「御屏風の内」にいた直正は、土佐の考えを問うた。これに対し土佐は「藩政の『御仕組』については、先に殿様のお考えを伺いたい」と問い返した。しかし、直正や重役たちはこの問いに答えず、土佐は「基本が強固でなければ目的を達成できるはずがない」と語ったという。さらに翌日も土佐は直正らと議論しているが、そのなかで「御家中御取締」について「矯枉過直（きょうおうかちょく）」（物事を正そうとしても、やり過ぎると損失を招く）の向きがあると述べている。土佐は厳しい取り締まりが却って弊害を招いていると主張（直正への批判といえよう）したが、直正は彼の意見について「おもしろし」と感想を話したという。

これら一連の山城・土佐との議論をみても、やはり直正はじめ御仕組所の面々は、「御仕組」の何が問題なのか、今後どうすべきなのか、具体的なイメージを共有していなかったようにみえる。直正や御仕組所の面々、代官など実務役人たちは「教化」の実現を目指して奮闘してきたが、終わりの見えない藩政改革（観念的な目標である以上、ゴールがあるはずもない）に、苛立ちや戸惑いが生じてきたのではなかろうか。師匠である古賀穀堂（こくどう）から学んだ朱子学に基づく政治方針、さらには幕府から寄せられた期待、若き藩主はこれらを背負って藩政を改革しようとしてきたが、明らかに曲がり角にさしかかっていた。

（1）本項および次項は「年譜地取」による。
（2）「内密手控」。

新たな目標

長崎警備の強化

天保一一年（一八四〇）四月二一日、佐賀へ帰国した直正は、五月二日「長崎御仕組」を宣言する。[1] 翌日から恒例の長崎視察に赴くが、その際鍋島市佑（夏雲）を同行させた。[2] 同二一日、「長崎御仕組方」のメンバーが発表されたが、そのなかに市佑も含まれていた。また市佑を含む九人が御仕組所の面々であり、長崎御仕組方を兼帯した。直正が、長崎御仕組＝長崎警備強化をいかに重要視していたか、人事面からもわかる。

長崎御仕組方が取り組んだのは、不審船が長崎に来るなど緊急時の際、いかに迅速に兵員を佐賀から送るか、その体制づくりとみられる。緊急時に長崎へ急行する「早速立」の兵員一七〇人の訓練を、直正が視察したこともあった。翌一二年閏正月には、佐賀藩領香焼島へ兵員五〇人を派兵することに決した。派兵にともない詰小屋建設などに金一〇〇〇両を必要としたが、うち六〇〇両は「側」から出された。さらに同年五月一三日には、緊急時における家臣の軍役を、七割に削減した（物成・切米高一〇〇石につき、本来なら一二人派兵の義務が課せら

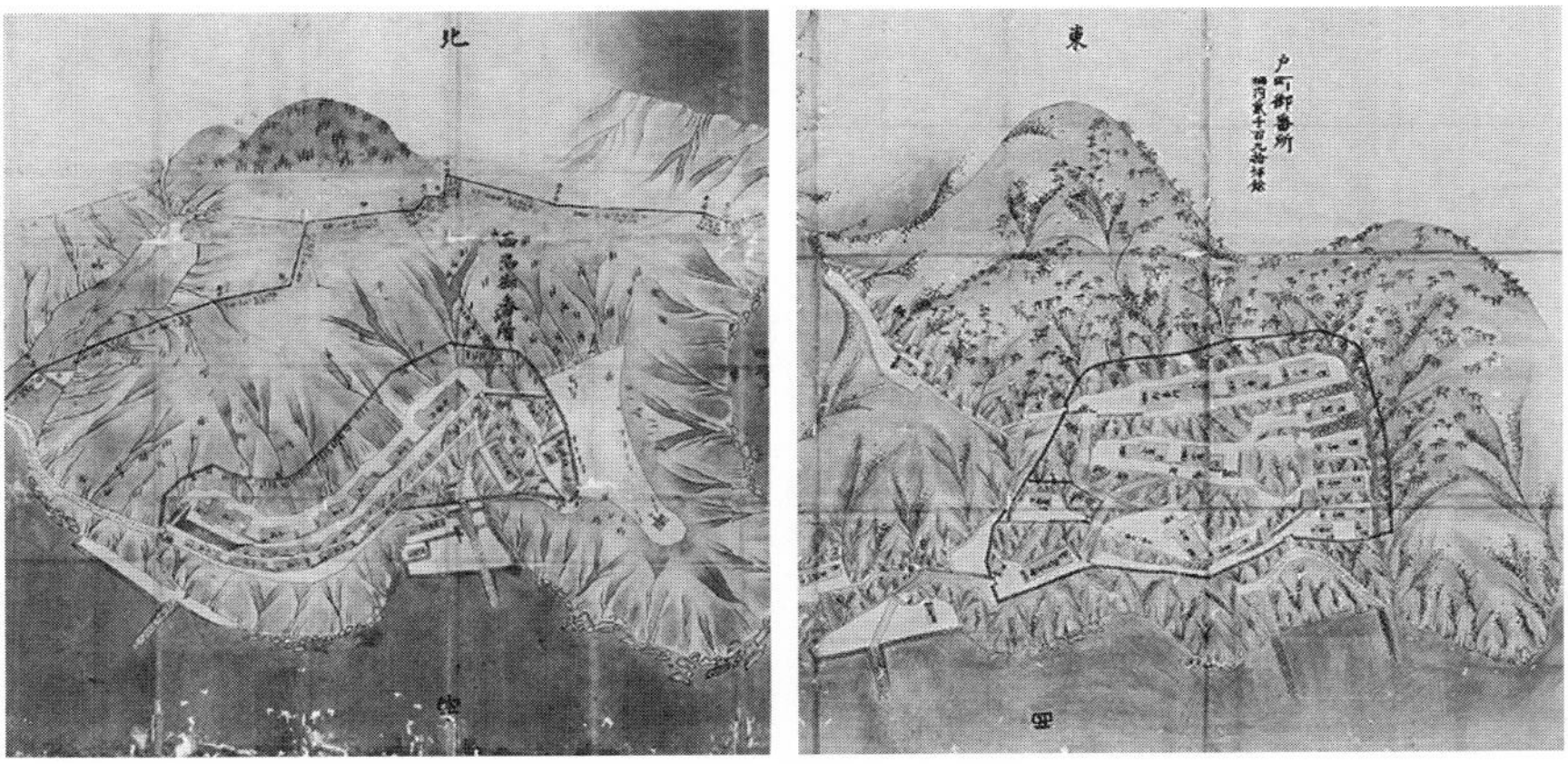

佐賀藩・福岡藩が隔年交代で兵を駐屯させた戸町番所（右）・西泊番所（左、佐賀県立図書館所蔵）

れていたが、七割の八・四人となった）。これは、派兵人数が多いと荷物も増えるため、人数は減らす代わり、長崎への迅速な移動を求めた措置だった。

警備強化の理由

なぜ佐賀藩は、天保一一年五月から長崎御仕組を開始したのだろうか。天保一〇年にはアヘン戦争が勃発しているが、長崎御仕組が開始された時点では、その詳しい戦況はまだ日本へ届いていない。佐賀藩が非公式なルートで情報を得たとも考えにくく、この段階では、アヘン戦争は佐賀藩の動向に影響しない。

天保一〇年一二月九日、直正は江戸で福岡藩主黒田長溥（ながひろ）と会談した。翌年直正は、そのときの話を鍋島市佑らに語っており、「内密手控」に次のような記事がある。長溥は会談の折、長崎へ「乱妨」目的で異国船が来ることはないと見立て、「安心也」と述べた。これに対し直正は反論しなかったものの、「果たしてその通りだろうか」と疑問に思ったという。直正は海外からの脅威について、漠然としたものではあるが、それなりに危機意識を持っていたようだ。恐らくは、伝え聞くフェートン号事件の苦い経験、さらには北方でのロシアの脅威などから、こうした意識に至っていたのではなかろうか。

また「内密手控」によると、天保一〇年の「秋」に老中水野忠邦と会談した際の内容を、直正が語っている。忠邦は、金沢藩や薩摩藩など「伐取の地」の藩について、藩主は幕府を敬っているが、家臣たちはそう見えないと話したという。「伐取の地」とは、徳川将軍から与えられたのではなく、大名が自ら獲得した領地、という意味だろうか。直正は、なぜ忠邦はこんな話を自分にするのか、ひょっとして我が藩も疑われているのか、家臣たちの「調練」に力を入れていることを、幕府は不審に思っているのかと不安を抱き、後日「川路」に打ち明けた。「川路」とは、当時勘定吟味役で、のち忠邦のもとで幕政改革にかかわった川路聖謨だろう。これに対し川路は、老中が大名にそのような話をすることはなく、忠邦が直正を親しく思っていることの表れなので、心配ないと答えたという。

天保九年二月、直正は長崎警備や藩政改革への取り組みが評価され、将軍から鐙・鐙を拝領したことはすでに述べた。さらに忠邦との会談のエピソードが加わり、若い直正は、将軍・幕閣から寄せられた信頼に応えるべく、長崎御仕組を開始したのではないだろうか。裏付ける資料はなく筆者の推測に過ぎないが、天保一一年五月というタイミング（長溥や忠邦と会談した在府を終え、佐賀へ戻った直後）では、ほかの理由を考えにくい。

アヘン戦争の情報

長崎で情報収集を行っていた嘉村源左衛門が、七月一三日付で佐賀へ送ったと

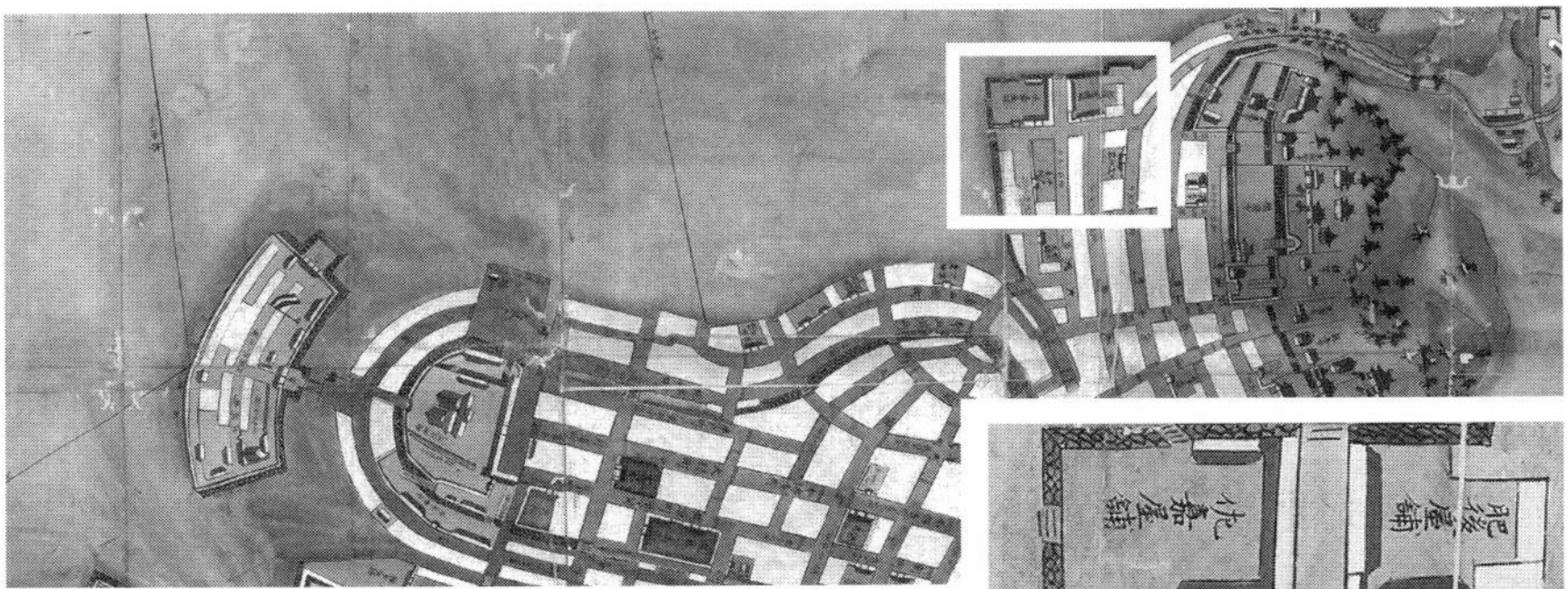

長崎出島。右上に佐賀藩長崎屋敷がある
（国立国会図書館所蔵「長崎大絵図」）

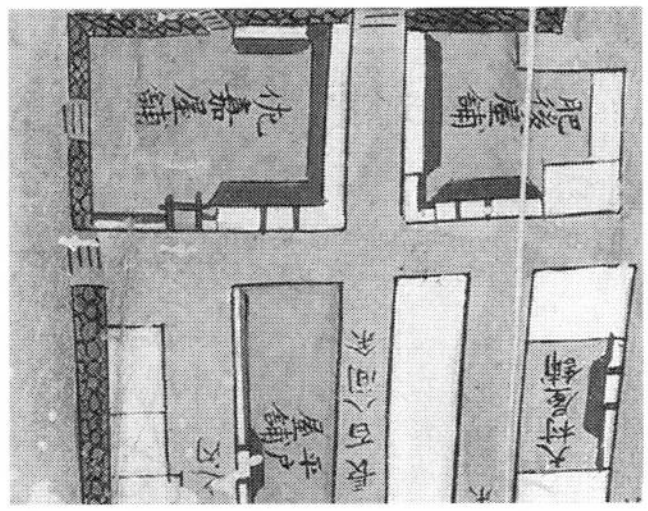

佐賀藩長崎屋敷。熊本・大村・平戸藩の
屋敷もみえる（「長崎大絵図」）

みられる報告書がある。[3] 年は書かれていないが、先行研究では天保一三年のものとされており、筆者も異論はない。

同年六月一九日オランダ船が長崎へ入港し、長崎奉行柳生久包（きゅうほう）は「別段風説」（アヘン戦争の情報）についてオランダ商館長へ尋ねるよう、大通詞（おおつうじ）（通訳）に命じた。これに対しオランダ商館長は、イギリスが大勝していること、賠償金支払いや領土の割譲など、イギリス・清国間の和平交渉について話した。ただオランダ商館長は、長崎奉行（および幕府か）はオランダがもたらす情報を信用していないと不信感を表明したため、柳生はあわててそれを否定するよう、通詞に命じたという。そのような混乱があったため、嘉村のもとへも情報が届いたのだろうか。

先行研究が示す通り、嘉村はほかにも多くの情報を佐賀へ送り、西洋とくにイギリスの脅威を伝えている。これに対応したか、同年九月一五日直正は自ら騎乗し、数十騎を率いて長崎に赴いている。[4] 同地で非常事態が発生した際、迅速に行動するための予行演習であろう。

同年一一月二四日、軍事を司る御番方より直正へ、伺書（うかがいしょ）が提出された。[5] 佐賀藩「家老」の深堀鍋島家は、その呼び名の通り長崎近辺の深堀を中心に、香焼島・伊王島（いおうじま）・神ノ島（かみのしま）など長崎湾の入口に位置する島々を領していた。オランダ船が長崎に来航した際、その当主は深堀

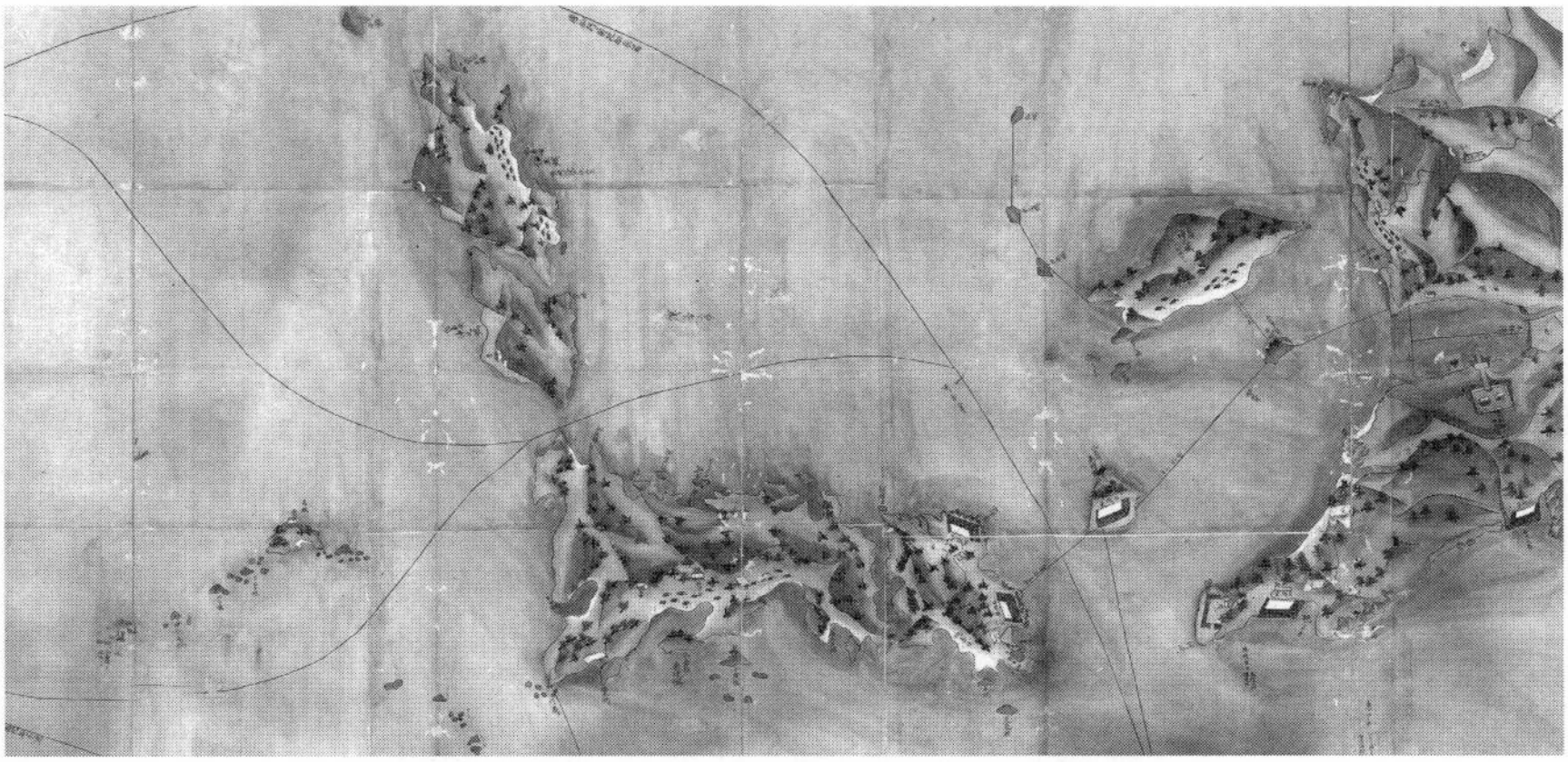

高島・伊王島・沖之島・香焼島・高鉾島・神ノ島など
佐賀藩深掘領の島々（現長崎市、「長崎大絵図」）

へ戻り、有事に備えることとなっていたが、「唐土の風評の次第」により、オランダ船が去ったのちも同地に留まるよう御番方は提案していた。「唐土の風評の次第」とは、アヘン戦争のことであろう。佐賀藩は嘉村が伝えたアヘン戦争情報を藩内で共有し、その対応を検討していたことがわかる。天保一一年の「長崎御仕組」のときとは異なり、佐賀藩は明確な危機意識を持って、長崎警備の強化にあたったのである。

火術方の設置

天保一三年一〇月一日、直正は原次郎兵衛らに対し、長崎警備では「火器」が最も重要であるため、諸流派の砲術を研究するよう命じた[6]。また同年から翌一四年にかけ、洋式大砲の製造・配置が行われたことが、先行研究で明らかにされている。直正は、天保八年頃から洋式大砲・砲術に関心を持っていたようだが、さらにアヘン戦争情報に接したことで、直正はこれらの導入を決意したのだろう。

天保一五年五月五日には火術方が設置され、原平六[7]と石井小七を専任、成富良左衛門・相良源兵衛・本島藤太夫・増田忠八郎を兼任としたほか、江戸に在った志波左伝太・羽室平之允は火術方稽古人として幕臣の下曾根金三郎（のち幕府砲術師範）に入門し、洋式砲術を学ぶことになった。[8] 先行研究でも指摘されているが、本島・志波・羽室の三人は幼少から直正の側に仕え、のちに志波は江戸留守居、羽室は石火矢頭人（とうにん）、本島は大銃製造方や長崎台場の増築方、精煉方などに就いたのち、側頭（そばがしら）まで出世した。火術方は佐賀藩において洋式大砲の導入を本格化させただけでなく、その後の直正を支える側近たちが、藩政の表舞台に立つきっかけとなった。

同年一一月一一日、砲術研究を命じられていた原次郎兵衛（このとき石火矢頭人）が火術方への出勤を、真田流砲術師範の相良源兵衛、荻野流砲術師範の竹野金兵衛も火術方への「懸合」を命じられ、それぞれの視点から、火術方へ助言することとなった。[9] さらに長崎の高島秋帆（しゅうはん）が西洋砲術を学んで創設した高島流（佐賀藩では威遠流（いえんりゅう）と呼ばれた）を修得し、洋式大砲の製造をすすめるなど「蘭癖（らんぺき）」で有名な武雄鍋島家当主鍋島十左衛門も、火術方への助言を命じられた。

また佐賀藩は、オランダ船が持ち込む洋式大砲を入手すべく、天保一四年から長崎奉行と交渉していたことが、先行研究により明らかにされている。同年夏、長崎奉行伊沢政義（まさよし）より佐賀藩へ内々の沙汰があり、モルチール砲一挺を佐賀藩領伊王島に配置することが認められた。そのほか火術方でも洋式大砲が製造され、佐賀藩は急ピッチで軍事の西洋化をすすめた。

「実用を専に」

天保一五年六月一九日、長崎より佐賀へ戻った聞番米倉権兵衛は、オランダ国

（3）「籌辺新編」五（鍋九九一―五七四）。
（4）「年譜地取」。
（5）「年譜地取」。
（6）「年譜地取」。
（7）杉本勲・酒井泰治・向井晃編『幕末軍事技術の軌跡――佐賀藩史料『松乃落葉』――』（思文閣出版、昭和六二年）では、原平六と原次郎兵衛を同一人物としている。ただそうなると、いったん火術方に任じられた平六が、同年一一月一一日に、御石火矢方頭人として火術方への出勤を命じられたことになる。「安政年間の佐賀藩士」には、原次郎兵衛と平六両人が親子として記載されており、本書では天保一五年の原次郎兵衛と平六は別人で、親子だと考えたい。
（8）「松乃落葉」（鍋九八八九―一〇四など）、『幕末軍事技術の軌跡』に翻刻収録。
（9）「年譜地取」。

モルチール砲（佐賀県立佐賀城本丸歴史館所蔵）

（10）本項は「内密手控」による。
（11）「年譜地取」。

王が貿易目的ではない船（軍艦パレンバン号）を長崎へ派遣し、近々長崎へ到着する（いわゆる「オランダ国王開国勧告」）という長崎奉行の通達を、直正へ報告した。[10] 直正は翌日ただちに長崎へ向かい、長崎奉行との面談などを行った後、いったん佐賀へ戻った。そして七月二日、オランダ船を発見したとの報が届き、翌日鍋島市佑らが、四日には直正が長崎へ出発した。

七日に長崎へ着いた直正は、九日には同地を出立した。佐賀へ到着後、市佑らを召し出した直正は、長崎御仕組を「実用を専に」する必要性を説いた。そのうえで、多人数で議論しては「混ざつ」するため、まずは市佑および永山（十兵衛）・徳永（伝之助）・永田（諸嶺）・田中（半右衛門）・高木（権太夫）の六人で内々に検討し、そのうえで「衆議」（御仕組所や長崎御仕組方の面々との議論を指すか）にかけるよう指示した。人名の（ ）内は「内密手控」には記されておらず、筆者の推定だが、永山・永田・高木はもともと長崎御仕組方のメンバーであり、田中ものちに加わったことが確認できる。[11] 徳永についてはこの時期の動向を確認できなかったが、のちに藩政の要職に就いている。

同年九月、直正は再度長崎へ出向き、パレンバン号に乗船した。その際長崎奉行とも面談し、警備体制を見直すべきだと述べたという。以降佐賀藩は直正を中心に、長崎警備の強化に邁進したのである。

青年藩主が求めたもの

天保期の佐賀藩政と直正

本書の主張をまとめると、次の通りである。

①天保期の直正（なおまさ）が考えた政治的優先課題は、財政再建ではない。就任時はさほど財政的課題は存在せず、むしろ佐賀城二ノ丸焼失や江戸城西の丸普請御用金など、突然生じた支出への対応に苦慮した。

②「重臣層の反発」「守旧派と改革派の対立」といった、直正への「抵抗勢力」は存在しなかった。

③直正なりの朱子学理解に基づき、各々がその身分にふさわしい振る舞いを行うよう求めた。

④しかし、観念的な政治目標であるためゴールがみえず、直正および側近たちは明確な方向性を失いかけていた。

⑤そうしたなか、アヘン戦争情報の到来やオランダ軍艦パレンバン号の来航により、直正は長崎警備の強化（洋式化）という明確な政治目標を掲げた。

先行研究を踏襲したところもあれば、異なる見解もある。理解不足や資料解釈の間違いもあるかもしれない。また本書は、『公伝』をまったく典拠とせず、一次史料・編さん史料だけをよりどころとした。もちろん『公伝』に学ぶところが多いことは理解しているが、あえて頼らずにどこまで「鍋島直正像」を構築できるか、試みた次第である。今後多くの方よりご批判をいただき、真の直正像にさらに迫っていきたい。

直正が求めたものとは

藩主に就いてからおよそ一五年間、直正は何を求めて藩政改革をすすめたのか。この答えを史料から見いだすのは難しいが、本書での検討を踏まえ、直正は「名君」を目指したと筆者は考える。「『名君』を目指した」とは、直正のことをひどく利己的な人間、自身の評価が高まることを望んだように聞こえてしまうかもしれないが、筆者はそう主張したいわけではない。直正にとって、「名君」になることは名声云々にかかわりなく、藩主としての義務だったのである。

本書のなかで、何度か朱子学に言及した。幕府老中松平定信の「寛政異学の禁」以降、日本の学問・思想の中心となった「正学派朱子学」（徂徠学、古学などほかの学問体系を規制し、朱子学を「正学」とする）は、佐賀藩では古賀精里のもと弘道館の根本学問体系に位置づけられていた。本書で紹介した政策のなかに多用されていた「教化」「風俗」といった文言は、正学派朱子学者たちの著書や意見書などに頻繁に登場する。市中の子どもたちに対する公教育も、広島藩の朱子学者頼春水が提唱したものだった。
また精里の息子で直正の師匠・側近だった古賀穀堂については、蘭学の振興を提案したこともあり、学問に対する柔軟な姿勢が評価される。ただし正学派朱子学は、朱子学以外の学問もまつりごとのための「技術」を学ぶものとして評価しており、穀堂にとって蘭学もそのひとつだった。直正は師の教えを忠実に守り、「名君」たるべく自身の研鑽に励み、朱子学に基づいた政策を実行した。家臣・領民にもそれぞれの身分・格式に応じた振る舞い・努力を求め、「教化」がすすめられた。天保期の佐賀藩は、「朱子学政治の実験場」だった。

他国者が見た佐賀

たびたび述べたように、観念的な目標だった以上、直正が執った政策の評価は難しい。また、その後の佐賀藩にどう影響したのかも興味深いが、本書で答えを出すことはできない。

政策評価の手がかりとして、他国から佐賀を訪れた人びとの見聞記を三点紹介したい。まず、天保一二年（一八四一）頃作成とみられる「佐賀紀聞」[1]（筆者不詳）は、冒頭で「規範や制度が定められ、藩士の士気は高まり、民俗も改まっており、国勢は盛んである」としており、直正の政治を高く評価しているといえよう。次に嘉永二年（一八四九）頃の作成とみられる「肥前に関する報告書」（筆者不詳）と題された史料（後年付けられた題だろう[2]）は、佐賀藩の政策を「熊本

（1）生馬寛信・中野聖剛「翻刻史料　佐賀県立図書館蔵『佐賀紀聞』」（『佐賀大学文化教育学部研究論文集一三（一）』、平成二〇年）。

（2）生馬寛信・中野正裕「翻刻史料　佐賀県立図書館蔵『肥前に関する報告書』」（『佐賀大学文化教育学部研究論文集一三（二）』、平成二一年）。

藩などに比べると、厳しすぎるのではないか」という。また「佐賀藩の政治は贅沢を抑えてはいるが、質素の精神が行き届いているようには見えない」としている。

最後に、会津藩の朱子学者である南摩羽峰が、安政四年（一八五七）西日本を遊歴した際の記録[3]には、佐賀の様子が次のように記されている。佐賀藩の政治は厳密で、藩主の行いは壮快・秀達である。しかし「清き水に大魚はいない」の理の通り、領民たちはそれに苦しみ、虚勢をはるような気配がある。国勢は衰え、（藩主の）後継者が優秀でなければ、藩は治まり難いだろう。

直正の政治について、「佐賀紀聞」は高評価、「肥前に関する報告書」はやや批判的、南摩羽峰は厳しい評価となるだろうか。本書で検討した天保期に直接かかわるのは「佐賀紀聞」のみで、あとのふたつは後年のものであることを考慮に入れる必要があるだろう。また、いずれも弘道館について詳細に記し、高い評価を与えていることを付記しておきたい。

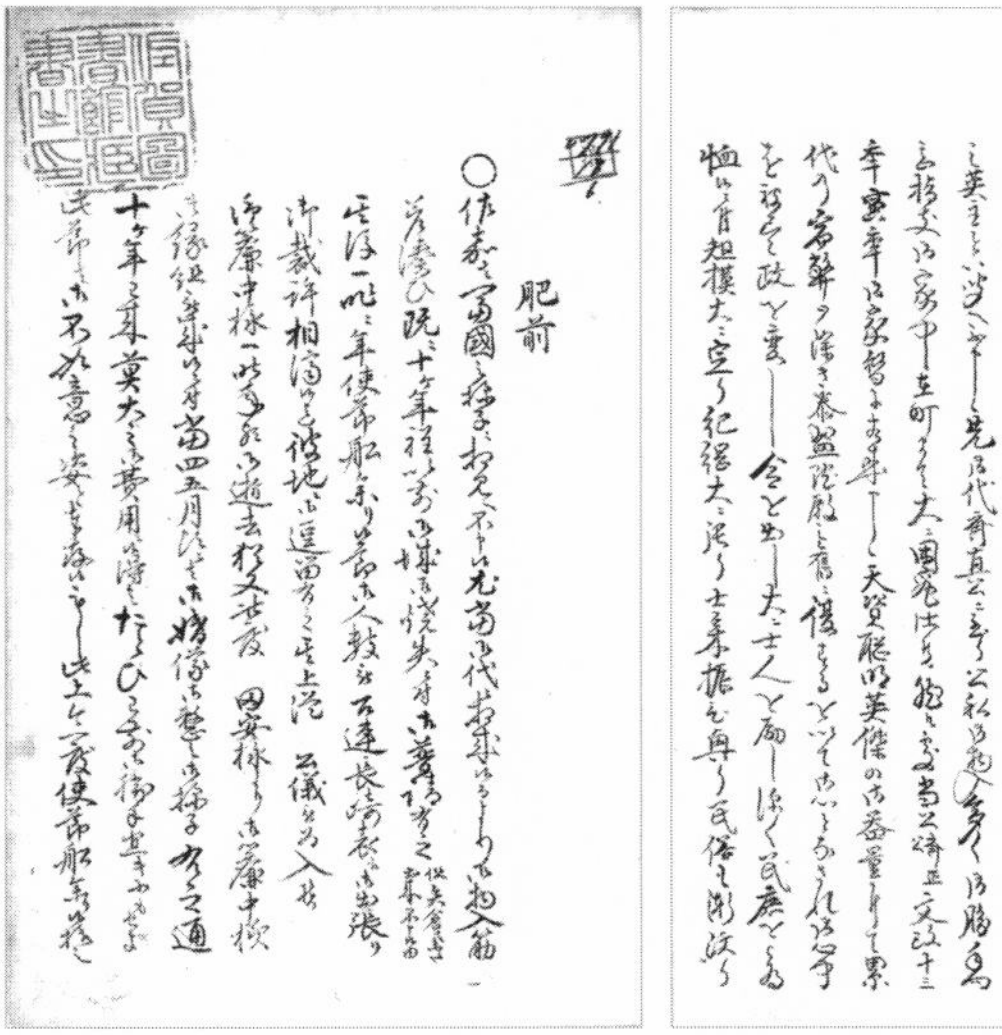

「佐賀紀聞」（右）と「肥前に関する報告書」（左、どちらも佐賀県立図書館所蔵）

その後の直正

本書では、天保期の佐賀藩政を検討した。あくまで偶然だが、藩主についたのが文政一三年（天保元年＝一八三〇）

（3）小林修『南摩羽峰と幕末維新期の文人論考』（八木書店、平成二九年）。

一七歳で、パレンバン号が来航した天保一五年（弘化元年＝一八四四）三一歳と、ほぼ天保期イコール藩主としての直正の一〇代・二〇代である。こののち直正は長崎伊王島・神ノ島の台場築造など軍備強化に取り組み、嘉永六年四〇歳のとき、ペリーが浦賀に来航する。さらに五〇歳を迎えた文久三年（一八六三）までは、開国や安政の大獄、「尊皇攘夷」「公武合体」運動の高揚という波乱の一〇年である。三〇代の直正、四〇代の直正は、鍋島安房（あわ）・市佑（いちすけ）（夏雲（かうん））など天保期以来の側近たちや新たに登用した吏僚たちと、こうした課題にどう向き合ったのか。また直正自身の人間的成熟が、佐賀藩政に与えた影響も大きいだろう。愚直に理想を唱える若者が歳を重ねるにつれ現実主義者になり、老獪さすら身につけることは、歴史上の話だけでなく現代の社会でも見られるだろう。いつか三〇代、四〇代、五〇代の直正を描くことができればと思う。

主要参考文献

磯田道史『天災から日本史を読みなおす　先人に学ぶ防災』（中央公論新社、平成二六年）
木原溥幸『幕末期佐賀藩の藩政史研究』（九州大学出版会、平成九年）
杉谷昭『鍋島閑叟　蘭癖・佐賀藩主の幕末』（中央公論社、平成四年）
杉谷昭『鍋島直正』（佐賀県立佐賀城本丸歴史館、平成二三年）
辻本雅史『近世教育思想史の研究――日本における「公教育」思想の源流』（思文閣出版、平成二年）
高野信治『藩国と藩輔の構図』（名著出版、平成一四年）
長野暹『佐賀藩と反射炉』（新日本出版社、平成一二年）
「幕末佐賀藩の科学技術」編集委員会編『幕末佐賀藩の科学技術　上下』（岩田書院、平成二八年）
藤野保編『続佐賀藩の総合研究　藩政改革と明治維新』（吉川弘文館、昭和六二年）
松方冬子『オランダ風説書と近世日本』（東京大学出版会、平成一九年）
毛利敏彦『幕末維新と佐賀藩　日本西洋化の原点』（中央公論新社、平成二〇年）

あとがき

本書を執筆しようと考えたきっかけは、筆者が講師をつとめている佐賀県立図書館の古文書講座で、「請御意」をテキストに選んだことである。当初は「請御意」の一部（筆者の「本業」である藩財政研究にかかわる、大坂銀主にかんする記事）だけを取り上げようと考えていたが、せっかくなので全文読むことにした。ところが「請御意」を読むと、従来のような華々しい藩政改革像とは縁遠い、代官所の人員増とか、城下町でのいたずらっ子取り締まりなど、ひたすら地味な内容である。講座名を「古文書に見る鍋島直正の藩政改革」と大げさに掲げていたので、がっかりされた受講者もおられたかもしれない。しかし「請御意」を読みすすめていくにつれ、こうした地味な内容こそが、この時期の直正・佐賀藩の実態ではないか、と考えるようになった。そして当該期の史料をいろいろと読み、本書のような直正像をイメージするに至った次第である。

また、史料を読むにあたり、筆者は非常に恵まれた環境にある。公益財団法人鍋島報效会には、所蔵されている『鍋島家文庫』マイクロフィルムのデジタル化をご快諾いただき、筆者が勤務する佐賀大学の教員・学生は、『鍋島家文庫』の大半の史料をＰＤＦで閲覧できる（専ら筆者が使わせていただいているが）。また佐賀県立図書館では、所蔵史料の画像をウェブサイトで公開されているほか、本書で利用した「年譜地取」は同館より『佐賀県近世史料』の一冊として刊行されている。「内密手控」も、上峰町より明治維新一五〇年事業として刊行された『鍋島夏雲日記』に収録されている。筆者は史料閲覧について、これまで佐賀藩を研究されてきた先輩方（その筆頭が久米邦武）と比べ、はるかに恵まれている。また明治維新一五〇年関連のシンポジウムなどでご一緒した島善高氏、大園隆二郎氏、浦川和也氏、富田紘次氏のお話は、本書を著すうえで学ぶことが多かった。同僚の三ツ松誠氏には、いろいろと意見をいただいた。こうした皆様方のご尽力・ご協力に少しでも応えるよう、今後も近世佐賀の研究をすすめていきたい。

最後に本書に使用した画像について述べておきたい。画像の多くは佐賀県立図書館、大阪市立図書館、国立国会図書館がウェブ公開しているものを用いている。何れの館も画像によって使用許諾不要・使用料無料とされており、大いに活用させていただいた。ここに記し、謝意としたい。

令和二年三月吉日

伊藤昭弘

伊藤昭弘
1971年生まれ。佐賀大学地域学歴史文化研究センター准教授。同副センター長。
【主要業績】
『藩財政再考―藩財政・領外銀主・地域経済』（清文堂出版、2014年）

佐賀学ブックレット⑧
青年藩主（せいねんはんしゅ） 鍋島直正（なべしまなおまさ） 天保期（てんぽうき）の佐賀藩（さがはん）
2020年3月31日　第1刷発行
■
著者　伊藤　昭弘
発行者　佐賀大学地域学歴史文化研究センター
〒840-8502　佐賀市本庄町1
電話・FAX　0952（28）8378
制作・発売　有限会社海鳥社
〒812-0023　福岡市博多区奈良屋町13番4号
電話　092（272）0120　FAX　092（272）0121
http://www.kaichosha-f.co.jp
印刷・製本　大村印刷株式会社
［定価は表紙カバーに表示］
ISBN978-4-86656-066-3